ヒトはなぜ
ペットを食べないか

山内 昶

文春新書

439

ヒトはなぜペットを食べないか

目次

序章

読者のあなたへ

今この本を手にされたあなたは、猛烈に腹をたてておられるにちがいない。仏像でいえば、怒《ど》髪《はっ》天を衝き、激昂《げっこう》のあまり顔がまっ赤になり、目をかっと見開いて唇を嚙みしめ、火焔に包まれた凄じい形相《ぎょうそう》の不動明王のように。そして内心で怒鳴っておられるだろう。「何だって？　ペットを食べるなんて！　あんな家族同然、子供同様のペットをなぜ食べないかだと!!　そんなことを書く奴は見つけしだい殺してやる!!!」と。

殺されてはたまらないので、急いで弁解しておこう。筆者はなにもペット食を奨励しているわけではない。ペットを食べると聞いただけで、怒り心頭に発し、おぞましい厭悪感を抱くのはなぜか、を問うているだけなのである。そんなことはいうまでもない。自分の子供のように、恋人や連れ合いのように、可愛くてたまらず愛しい生き物をとって食うなどと、思っただけでもぞっと身震いがする、とあなたは即答されるにちがいない。世間一般の通念では、たしかにペットは原理的には可食域にはいっているけれども、心理的には禁食域にはいっているのだ。

だが本当に愛情と食欲は両立しないのだろうか。愛と食は矛盾する二律背反概念なのだろうか。ところがどうやら必ずしもそうではないらしい。いくつかの実例をあげよう。

天使のように愛くるしい赤ちゃんを見て、「まあ可愛い、食べてしまいたいくらい」といって、思わず頬っぺを二、三度指で軽くつついた経験は、女性ならどなたもおありだろう。それだけではない。愛する人とベッドのなかで恍惚《エクスタシス》の絶頂にたっした時、思わず相手に噛みつき、食べてしまいたい、食べられてしまいたいと感じた体験をどなたもお持ちだろう。こうした愛咬《あいこう》はなにもサド＝マゾヒズム的な異常心理ではない。愛の極致では自他の区別や垣根をのりこえて相手と一体化し、一心同体になりたいとこいねがうものだし、食べるとは食べたものを同化し、わがものに血肉化することなのだから。古代ギリシアの哲学者プラトンがいったように、あるいは多くの神話が語るように、もともと人間は両性具有者《ヘルマフロディテ》――これはギリシア神話の牧畜・学術・商業・幸運・盗賊などの守護神ヘルメスと愛と美の女神アフロディテの合成語である――であって、神に反抗した罰として真二つに切断された片割れの半身を追い求め、再び合体して円満な完全態に戻ろうと切望するものらしい。

もう一つ極端な例をひこう。一九八一年の初夏、日本の留学生Sがオランダ人のガールフレンドを殺し、死体を切り刻んでその肉を食べ、残りをブーローニュの森に捨てた、おぞましい事件がパリで起った。読者のあなたも覚えておられるかもしれない。招いたアパートの一室で愛の交歓を拒絶されたSは、カービン銃で後頭部を撃ちぬくと、屍姦したあと、恋人の乳房や腿肉をそぎとって——この間の情景を逐一写真にとっていたらしい——生《なま》で食べ、余った食料は冷蔵庫に保存していた。このショッキングな事件はたちまち全世界に報道され、ヨーロッパの新聞にはやはりマルコ・ポーロは正しかったという記事まででた。というのは『東方見聞録』のジパングの所には、捕虜が身代金を払えないと、「殺して——むろん料理してであるが——皆でその肉を会食する。彼らは人肉がどの肉にもましてうまいと考えている」と記されていたからである。《ほら吹きマルコ》が誤った伝聞によっていたことはいうまでもないが、このパリのセンセーショナルな猟奇事件ほど、愛する対象を何もかも自分のものにしたい、永遠に自分のなかで一体となって生かしたい、という食と愛の合一性を余すところなく示しているものはない。

その他、後で詳しくのべるが、セックスすることと食べること、愛と食が同じ言葉やイメージで表象されている例は、世界各地に散在する。とすれば、ペットを愛するがゆえに食べないのだ、愛は食欲を阻止し禁止するという表面的な常識は通用しない。むしろ深く愛すれば愛するほど、食べて一体化したくなるのが人情というものだろう。食と性は無意識の深層では通底していたのである。

だからといって、愛する対象を食べることが真の愛の証しだ、と筆者は主張するつもりはない。

そんなことになれば、親子、キョウダイ、恋人、夫婦が互いに貪り食いあう地獄絵が出現し、人類は修羅の焔に包まれて絶滅してしまうだろう。だからこそ、無意識の欲動を禁圧する食人タブーが普遍的に存在したのである。

とすると、まるまる肥ったペットを見て、なぜあなたが涎《よだれ》をたらさないのか、その原因を愛情以外のところに探さねばならなくなってくる。そこであなたと一緒に、このミステリーの謎を解く犯人探しの旅にでかけよう。

Ⅰ章　イヌを食べた人々（ドッグ・イーター）

ペットの王様と女王様

ペットといっても今日ではじつに色んな動物が飼われている。江戸時代からお馴染みのウグイスやメジロなどの小鳥類、金魚や錦鯉などの魚類はもとより、アライグマ、イグアナ、イモリ、トカゲ、ハムスター、フェレット（イタチ科）、プレーリードッグ（リス科）、モルモットから、なかには猛獣のワニやトラの仔、猛毒のクモ、ヘビ、サソリ――昔は「蛇蝎《だかつ》の如く忌みきらう」といったものだが――気味の悪いガマガエル、ゴキブリ、ナメクジ、ムカデまで飼っている人がいるらしい。こうなると、愛玩動物を可愛がるというより、危険動物との恐怖のスリルを楽しんでいるといったほうがよいかもしれない。

しかし何といってもペットの王様と女王様はイヌとネコだろう。じじつ今日の日本では全世帯数の三六・七パーセントの家庭でなんらかのペットを飼っているそうだが、そのなかでイヌがトップで約六四パーセント、ネコが二位で約二七パーセントの飼育割合を占めていた。ただし、ペット全体の飼育数の統計はむろんなく、ペットが重複している事例もあって、必ずしも正確な数字ではないが。この傾向は現代の欧米諸国でも同じである。もっとも一八世紀頃はなぜかネコのほうが多かったようだが。そこでペットを食べた人々（ペット・イーター）のうち、イヌを食べた人々（ドッグ・イーター）とネコを食べた人々（キャット・イーター）に照準《ピント》をあわせて、古今東西南北の記録を繙《ひもと》いてみよう。

食文化の衝突

一九八〇年のある日、現代の大都会サンフランシスコで意外な事件が起った。ゴールデンゲート公園に夜な夜な東南アジア系の狩人が現われ、罠をしかけて野良犬や野良猫を捕って食べていた事実が発覚したのである。このニュースをきいて、「イヌやネコのように可愛い動物を殺して食べるなんて、何と残酷な」と叫んで、失神する白人女性が続出した。女房に度々卒倒されては一大事とばかり、憤激した夫たちは上院司法委員会に請願書をおくり、軽犯罪として五〇〇ドルの罰金もしくは六カ月の禁固刑に処す法案の上程を要求した。

これに対して、アジアでは伝統的に犬猫食の習慣があるから犯罪とはいえない、と反対する文化相対主義的な識者が現われ、ホットな論争になった。アジアだけではなくアフリカ、オセアニア、いや昔のヨーロッパでもイヌやネコを食べていたのだから、現在の自分たちの食文化を基準にして異文化を糾弾《きゅうだん》すべきではない。難民たちは貧しく栄養不足気味だから動物性脂肪を摂取する選択権をもっている。それに飼主のいない無主の動物を捕獲しても、市民社会の根幹をなす私有制の侵害にはあたらない、というもっともな正論である。

するとたちまちいくつかの動物愛護団体からクレームがついた。動物の自由な生存権を脅かし、その命を奪う権利は飢えた人にもない、というこれまたもっともな理由だった。結局この論争は水掛け論に終り、法案も通らなかったが、ここには異なる食習慣に対する文化摩擦が凝縮されていたといえよう。ただし、犬猫のアニマル・ライトを擁護する熱烈な動物愛護者がウシ、ブタ、ヒツジなどの生存権を弁護しないのはいささか矛盾しているし、それに彼らが愛護する犬猫のフード用に沢山のウマやニワトリがこの世に別れをつげている点からすると、前者、つまり文化相対論者に軍配をあげたくなってくるのは、筆者だけだろうか。いずれにせよ、自文化中心主義と同時代文化中心主義的な固定観念に目を曇らされてはならないのである。

同様な論戦が一九八八年、オリンピックの開かれたソウルでも華々しくくりひろげられた。諸外国から沢山の人がやってくるので、野蛮だ、残酷だと非難されないために、犬料理のレストランを期間中営業停止にしよう、という運動が起ったのである。いや補身湯《ポシンタン》は韓国の伝統的な立派な料理だからなにも恥じることはない、という反対論者が現われて、喧々囂々《けんけんごうごう》の大論争に発展した。結局政府は人目につく表通りの店を閉めさせ、狭い路地の裏通りでの営業だけを許可したが、レストランは毎日満席となり、なかには政府高官の姿もあったらしい。外圧のせいというより、遠来の客人に不快な思いをさせまいとする儒教の《礼》の精神からでたことだろうが、ドッグ・イーターが野蛮人で、ウシ・ブタ・ヒツジ・イーターが文明人だという論はやはりどこかおかしい。はたしてその後、日韓共同で開催されたサッカーのワールドカップの時にも、欧米の動物愛護団体や国際サッカー連盟からも犬肉料理は動物虐待だとして抗議や非難が殺到し、なかには犬喰いをやめるかW杯を辞退するか二つに一つだという強硬な脅迫まであったらしい。が、今度は「大きなお世話だ」と断固拒絶した。当然だろう。それにしても、「食べ物の恨みは恐ろしい」というが、「食べ物の違いはもっと恐ろしし」かったわけである。

イヌは食用に飼い馴らされた

ペット・イーター全般にかかわる食文化の問題で前置きが長くなったが、いよいよ本題にはいろう。

イヌの祖先が世界各地に分布するオオカミやジャッカルなどのイヌ科の動物であることは、読者のあなたも先刻ご存知だろう。集団で生活するキャンプのまわりには必ず塵屑《ごみ》がすてられるから、それを漁りに清掃屋《スカベンジャー》がうろつくようになる。やがて野獣や他部族の襲撃をすばやく察知して吠える予知能力や、鋭い嗅覚で獲物を発見、追跡する狩猟能力を人間が知って飼い馴らし、番犬や猟犬に利用するようになった、というのが従来の定説だった。ところが最近では、手近なところで食肉の供給源を確保しておくために馴致《じゅんち》した、という説が有力になってきている。親を失なったイヌ科の動物の仔を狩人が連れかえって手なずけ、可愛がって育て、たっぷり肉がついてくると必要に応じて殺して食べていた。子供は人に馴れやすく、また集団のボスに絶対服従をする性質があったから、人間の命令にも従順で、いわば生きた食肉貯蔵庫として大いに利用した、というわけである。

ではイヌがいつ頃から家畜化されたかというと、三万年以上前のシリアのドゥアラ洞窟から出土した遺骨は、オオカミかイヌか断定されていないけれども、早くもネアンデルタール人がイヌ科の動物を飼い始めていた証拠である。クロマニョン人の時代になると、シベリアのエニセイ川流域で発掘された犬骨が約二万年前、スペインのアルペラ洞窟の半野生犬の絵が約一万四〇〇〇年前と推定されている。この頃からあちこちで馴化されていたのは確かだが、食べられたかどうかは定かではない。ところが約一万二〇〇〇年前とみられる旧石器時代末のデンマーク海岸部の貝塚から発見された犬骨には食用に供された痕跡があり、ドイツのフランクフルト近辺の中石器時代の遺跡で見つかったイヌの頭骨は、うち砕かれ、なかの脳髄がとりだされた痕跡がくっきり残っていた。正確には判らないけれども、大体三万年前頃から、ヒトとオオカミの共生が始まり、一万年前頃には犬喰いの習慣があったらしい。

日本では縄文時代の遺跡からすでにイヌの骨が出土している。狩猟に必要だったせいか、その多くはねんごろに葬《ほうむ》ってあった。弥生時代にも、イヌを連れて狩りをする銅鐸絵があり、また豪族の墳墓にイヌの埴輪や遺骸が合葬された例があるが、なかにはバラバラに解体され、割って髄をとりだした痕跡のある骨が見られた。農耕に移行するとともに食用になったらしい。原古の家犬はしかし日本狼の直系の子孫ではなく、中国や東南アジア系のパリア犬の後裔《こうえい》で、波状的にやってきた渡来人が犬肉食の習慣とともにもちこんだもののようである。

一　日本の犬肉食

古代と中世の禁食域

歴史時代にはいると、御先祖たちが結構イヌを食べていた記録が沢山のこっている。人間は雑食動物《オムニヴォラ》の最たるものであって、可食域にはいるものなら、ほとんど何でも食べていた。古代ギリシア人はセミが大好物だったし、テキサス先住民はシカの糞を、シベリアでは粘土まで食べていた。日本でも古代の先住民、国巣《くず》（国栖）はモミ、つまりアカガエルが好物だったし、今でもカワゲラ、カゲロウの幼虫ザザムシやハチの子を食べている。いや、本来食べられない不可食域にはいるはずの猛毒のフグまで喜んで食べているではないか。

これほど広汎な食域に日本で初めて禁食域を設けたのは、有名な天武の殺生禁断令（六七五年）にほかならない。『日本書紀』によると、「四月一日から九月三〇日まで、牛・馬・犬・猿・鶏の肉を食べてはならない。もし犯すことがあれば罪とする」という詔勅がでたのである。ストーカーがいなければ、ストーカー規制法といった法律はできない。同様にイヌを食べる人がいなければ、犬肉食禁令《キノファギア》はでない。五畜のなかにイヌがはいっているのは、当時犬喰いの習慣があったことを裏書きしているわけである。サルだけが唯一、家畜以外の野生動物だが、それが食禁になっているのは、人間に酷似している上に、山（自然）と里（文化）どちらにも出没する、どっちつかずの境界的動物のせいだろう。

その天武帝の孫で、反逆罪の濡れ衣をきせられて自殺した——藤原氏の陰謀説がある——長屋王の邸跡からでた木簡にはイヌの餌に米を支給した記録がいくつかあった。この当時米は貴重品で、庶民が口にできなかったことは、「こしきにはクモの巣が張り、飯の炊き方も忘れた」と嘆いた、山上憶良の「貧窮問答歌」にも明らかだろう。それほど贅沢《ぜいたく》な米飯を豪勢にもイヌに与えたのは、長屋王や王妃吉備皇女に太らせた清浄な犬肉を供御《くご》するためだったらしい。もっともこれには異説があって、鷹狩り用の勢子《せこ》犬に肉の味を覚えさせないためだ、と主張する学者もいる。猟犬に肉の味を占めさせると、タカの獲物を横どりする恐れがあったからである。しかし廣野卓の『食の万葉集』によると、イヌの餌用に支出した米と、買いいれたイヌの代金として支出した米との木簡での書き方がちがうので、後者のばあい、「これらの犬は食用として購入されたものだろう」と推定していた。筆者もこの説に賛成である。

その後、奈良朝から平安朝にかけて殺生禁止令や放生令が、概算では二〇回以上でていたが、そのなかでイヌもちらほら対象にあがっていた。『延喜式』（延長五〔九二七〕年）では、「六畜〔馬・牛・羊・犬・家《いのこ》・鶏〕の死は五日、その肉を食べたら三日の物忌」と規定されている。サルが落ちてその代りにヒツジとブタがはいっているが、天武令で農繁期の半年間犬肉食が処罰の対象となっていたのに、ここでは通年とはいえ、たんなる物忌みの対象にしかすぎない。時代が下るにつれ、犬喰いの罪悪視や量刑がしだいに軽くなってきていることが判るだろう。

中世になっても相変らずドッグ・イーターがいたことは、考古学的証拠によって明らかである。源頼朝が幕府をひらいた鎌倉では、シカ・イノシシ・タヌキ・アナグマ・ノウサギ・オオカミ・ウシ・ウマなどの食用動物の骨にまざってイヌが出土していた（河野真知郎、一九八八年）し、熊本市の高橋南貝塚からは、イノシシ・シカ・タヌキ・ネズミ・サル・ウマ・イルカの遺骨とならんでやはり犬骨が発掘（木村幾多郎、一九七八年）されていた。福山市の中世都市遺跡、草戸千軒からも多量のシカ・ウマ・ウシの骨のほかに、アナグマ・イタチ・キツネ・タヌキ・ウサギなどの遺体が検出されたが、イヌの骨が断然多くほぼ半数を占めていた。しかも肉をそぎとった傷痕や骨つきのまま火で焼いたバーベキュー風の料理跡まで残っていた（松井章、一九八八年）。アナグマやオオカミ、キツネやタヌキ、ネズミやイタチまで食べていた御先祖たちの旺盛な雑食ぶりには、読者のあなたもびっくりされることだろう。

野犬は目こぼし

文献に戻ると、鎌倉時代に始まる武家礼儀作法の総元締め小笠原家に伝わる「躾方の事」という百十丁の美濃版がある。そこには《庖丁の儀式》は天平七（七三五）年に橘諸兄《たちばなのもろえ》が始めたものだが、「庖丁、犬、鶏、牛、馬、羊、豕、この六畜をもって初まると云う也」と誌されていた。手でふれると穢れるので、マナ箸を使い、マナ板の上で神に捧げる生贄をおろすこの神事がまずイヌから始まるというのである。マナ箸やマナ板はふつう「真魚（菜）箸（板）」と書くが、あるいはこれは強い禁止を表意する「莫《まな》」や『日本書紀』で神の井戸を「真名井」、神鹿《しんろく》を「真名鹿《か》」、「出雲国風土記」で神の子を「麻奈子」と表記していたことと関係があるのかもしれない。ひょっとすると、非人格的で神秘的な超自然力を指すメラネシア語の「マナ」とも関連するのではないか、と大和岩雄《おおわ》はその『鬼と天皇』で示唆している。ただしこの家伝書は室町時代に成り、徳川時代にはいって「書きかえられたところ尠《すく》なからず」とされているので、もう一つ信憑性に欠ける恨みがあるが。

応仁の乱が終った京都の吉田神社で、「神祇道服忌令秘抄」（長享二〔一四八八〕年）という冊子が作られた。それによると、「鹿・猪・猿・狐・里犬」を食べた者は七〇日、合火で煮焼きした人は五〇日、また合火は三〇日の忌みに服さねばならない、とされていた。『延喜式』より触穢度がそれだけ深まっているが、なにしろ《元本宗源唯一神道》を誇称する卜部《うらべ》兼倶《かねとも》の息のかかった本である。肉食などもってのほかとされたのも無理はない。ところが不思議なことに、里犬とあって野犬がはいっていなかった。この当時——そして明治の初めまでも同じだったが——公家や大名の飼っている狆《ちん》や唐犬は別にして、下々では今のように特定の飼主が自家につないで囲いこむのではなく、共同の町のイヌ、村のイヌとして放し飼いにされていた。いわば家犬であっても無主の野良公に近く、めいめい勝手に餌を漁り、夜のねぐらをきめていた。時には群を作って墓場の死体を荒らしたり、捨子を食べたりしていたのである。とすると里犬を食べても、山犬だ、野犬だと巧みに言いぬけて、七〇日もの忌みに服するバカ正直者はいなかっただろう。禁制の網の目がこんなふうに破れていたのも、南北朝の頃成立したとされる『神道集』には「肉食はこのように罪がない」とあり、また阿蘇一の宮の大々的な狩猟神事や諏訪神社の御頭祭《おんとうさい》、その他諸社の動物や人形《ひとがた》の御供祭《ごくうさい》に見られたように、もともと古神道は殺生肉食を厳禁していなかった。神々の化身である生き物の生命を頂いてしか生きられない人間のどうしようもない原罪を、生贄を供犠して神々に返したあと、神人共食することで、中和し贖罪しようとしていたのである。犬喰いが一向にやまないわけも、その辺にあった。

近世は貴賤を問わず

はたして安土桃山時代以降のご先祖たちにも、ドッグ・イーターが結構いた。一五六三年に来日し、三四年間にわたって各地で布教に従事し、長崎に骨を埋めた有名な宣教師ルイス・フロイスは、おそらく世界で最初の日欧比較文化論ともいうべき草稿を島原半島の加津佐で執筆している。そのなかに次のような貴重な記録があった。「われわれは犬を食べないで、牛を食べる。彼らは牛を食べず、家庭薬として見事に犬を食べる」。「家庭薬として」というのは虚弱な人や病人が精《せい》をつけるために食べる《薬食い》のことで、たぶんこの風習は中国からコリア半島を通って渡ってきたものだろう。というのは薬餌としては赤犬——赤牛を黄牛《あめ》ともいうように、黄ばみがかった赤茶色や金茶色（『日葡辞書』一六〇三年）のイヌ——が美味いし一番よいとされていたが、大陸でも黄狗が珍重されていたのだから。時代はさがるが与謝蕪村も「妻や子の寝顔も見えつ薬食い」の一句を残している。残念ながら何の肉かは不明だが。ついでにつけ加えておくと、人見必大の『本朝食鑑』（元禄一〇〔一六九七〕年）によると、オオカミの肉は硬く不味いが、冷え性の人にはよい、豺《やまいぬ》は有毒で人の精神を損なうのだそうである。

古来から日本人が意外に野鳥獣の肉を食べていたことは、拙著『「食」の歴史人類学』で明らかにしておいたが、南蛮人がやってきて肉食の習慣を弘めたことは多くの記録に残っている。たとえば一五五七年の復活祭のとき、府内（今の大分市）のイエズス会の教会で四〇〇人ほどのキリシタンに、宣教師たちはサフランで黄色く染めた牛肉の炊きこみご飯アロス・コム・ワカを振舞っていた。今に伝わる豊後黄飯——ただしサフランが入手できなかったのでクチナシで代用したが——の、これが起りである。その他、キリシタン大名の大友宗麟、大村純忠、松浦《まつら》鎮信などはしばしば教会の住院《カサ》を訪れて洋食を所望、舌鼓をうっていた。天正一八（一五九〇）年の豊臣秀吉の小田原攻めのときは、高山右近が細川忠興や蒲生氏郷に牛肉を料理して食べさせている（『細川家御家譜』）。秀吉の右筆でまた俳人としても有名な松永貞徳はその『慰草』巻四で、「近頃吉利支丹が日本へやってきた時は、京衆牛肉をわかと称してもてはやした」と書きとめていたほどだった。ワカ（vaca）とはスペイン語やポルトガル語で牝牛のことである。

その影響だろうか、犬肉食の記録も江戸初期に集中していた。たとえば寛永二〇（一六四三）年刊の『料理物語』には、犬肉は吸物と貝焼き――アワビやホタテの貝殻にいれて焼くこと――がよいとされていた。なかでも面白いのは大道寺友山の『落穂集』だろう。「我らが若い頃まで、御当地〔江戸〕の町方では犬がめったに見当らなかったが、それは武家町方ともに下々の食べ物には犬にまさる物がないので、冬向きになると見つけ次第打殺して賞翫していたからだ」と書いていた。大体、四代将軍家綱の治世の話らしい。

江戸、秋田、薩摩、伊勢の犬食い

そういえば敗戦直後の大都市の焼跡でも、イヌの姿はほとんど見かけなかった。その理由は、戦時中に愛玩用にイヌなど飼うのは贅沢だとされ、軍用犬や防寒用毛皮に徴発されて数が減っていた上に、毎日何十人何百人もが餓死した戦後の食糧難の時代とあって、皆が見つけ次第「打殺して賞翫していた」せいだった。闇市では串カツなどと称する怪しげな揚物を売っていたが、その正体はイヌやネコ、ネズミの肉だという噂がもっぱらだった。江戸に話を戻すと、家綱の後をついだ犬公方綱吉が《生類憐れみの令》をだした翌年の元禄元（一六八八）年に、イヌを食べた者は将軍家の参詣に七〇日間供奉を禁じるという食穢規定がでているのには驚かされる。ツバメを殺して死罪になった侍さえいたのに、まだドッグ・イーターの上士がいたのだから。

地方に目を移すと、天和二（一六八二）年の『狂歌たび枕』には、一説によると歌人の戸田茂《も》睡《すい》が秋田藩の佐竹侯に招かれたとき、犬料理を饗応されたので、「かわいやなころころとしていたものを、我ゆえにこそいぬじにはすれ」と座興に詠んだ一首がのっていた。秋田だけではなく、鹿児島にも犬料理があった。蜀山人こと大田南畝《なんぽ》はその備亡録『一話一言』のなかで、薩摩には仔犬の臓物をぬいて米をつめた「えのころ飯」があり、「高貴の人食するのみならず、薩摩侯へも進む」といっている。現在でもエノコログサという名前が残っているが、これは子供の頃誰しも遊んだ道端の雑草ネコジャラシの本名で、その花穂が仔犬の尻尾に似ていることからつけられたものである。残念ながら詳しいレシピは判らないが、北陸名産の烏賊飯《いかめし》や高知特産のイカの筒鮓《つつずし》のようなものだろうか。

今度は犬殺しの禁制から、逆に犬肉愛好者の健啖ぶりを紹介しておこう。この点については塚本学がその『生類をめぐる政治』で詳しく調べてくれているので、大変便利である。主にそれに依っていることを著者に感謝し、読者のあなたにお詫びしておこう。

藤堂高虎が豊臣家への備えとして伊予から伊勢に加増・転封されたとき（慶長一三〔一六〇八〕年）のことである。伊賀名張を預けた城代に城付御法度集をもたせたが、そのなかに「鹿猪牛犬一切喰い申しまじき事」という一条があった。当時の武士はまだ戦国の気風を残していたのか、結構色んな動物を食べていたらしい。藤堂家ではその後も寛文六、七（一六六六、七）年とたて続けに「犬を殺す事堅く御法度」という犬殺しの禁令が公布されていた。むろん家中の者がイヌを目の敵にして面白半分にいじめ殺していたとは思えないから、禁令を「度々仰せ出され」たのは、犬喰いを禁止するためだったろう。当時伊勢はドッグ・イーターの中心地《センター》の一つだったことになる。

男色と犬食い

しかし犬喰いセンターは藤堂藩だけではなかった。『会津家世実紀』の正保三（一六四六）年一一月条には、「此頃牛あるいは犬を殺し候に付き、御法度仰せ出され条々」として、「人々が飼う犬を隠れて殺せば、当人はいうに及ばず、寄合って喰った者共も曲事《くせごと》とする」、つまり法にそむいたとして処分するとあった。続いて「隠れて牛、犬などを殺した者を訴人したら、御褒美を下される」と内部告発まで奨励されていた。同じく会津藩『実紀』承応元（一六五二）年五月条では、衆道をめぐる殺人事件がおきて、多くの士分の者が処刑されたが、その「不所行」の理由の一つに、「犬を殺して密かに寄合って料理し食べていたこと」があげられていた。

男色《なんしょく》と犬喰いがなぜ罪状に結びついたのか、よく判らない。判らないけれども、やはりそこには政治体制に抵触する何かがあったのではないかと思われる。というのは、三代将軍家光がその道の数奇者《すきしゃ》だったように、古来から日本は同性愛の楽園（拙著『ジッドの秘められた愛と性』参照）だったが、幕藩体制が確立すると、ホモセクシュアルはしだいに具合の悪いものになってきた。主従の契りより若契《じゃっけい》のほうが強くなると、君臣の道が色恋の道によってなおざりになるだろうし、藩をこえた念友は幕藩体制そのものをゆるがすだろう。なによりも子供ができないので、度のなかでは両立しないからである。主君への忠誠という縦の関係と義兄弟の盟約という横の関係は、封建制度のなかでは両立しないからである。

一方、この当時の大名は権力の象徴として鷹狩りをしきりに行なっていたが、それにはイヌが必要だった。猟犬としてだけではなく、兼好法師の『徒然草』にもあるように、タカの餌としてである。じじつこの頃、会津藩では領内の頭数を調査した犬毛付帳が作られ、御鷹餌になるイヌを村々から徴発していた。水戸藩でも寛永九（一六三二）年七月から翌年二月までの間に四二三匹、毎月平均すると五三匹ものイヌを徴収していた。その他詳しい事例は塚本氏の著書をご覧頂くとして、当然御鷹餌犬役が余ったおこぼれ肉を口にしていたことは、例えば尾張藩のお畳奉行、朝日文左衛門の『鸚鵡《おうむ》籠中記』に明らかだろう。宝永七（一七一〇）年九月二五日条には、某家の祖父が「御鷹のためとて犬を多く殺し、自らも食う事甚し」かったせいで、孫に祟りがあったという風聞が書きとめられていた。また会津では、藩士とたばかって村々をまわり、「鷹用の餌犬検査と称して悪犬を打殺し、自己の食用に供していた」（塚本、前掲書）流れ者までいた。こうした風潮を放置しておくと、領主の虎の威を借る猟犬――唐犬と呼ばれていたが、多くはグレイハウンドなどの舶来種――にまで、食指がのびて危害がおよぶかもしれない。これは明らかに封建秩序を紊《みだ》し、藩主の権威に挑戦することであり、幕藩体制をゆさぶりかねない男色と結びついて、処罰の対象になったものと思われる。

原古に始まる犬肉食の伝統は、しだいに衰微しながらもその後も長くつづき、幕末ともなると、西洋の科学技術の発達は肉食のせいだと早合点して、牛豚はおろかイヌ、ネコ、ネズミまで食う若者たち——その多くは後に政財界で活躍した——が現れた。昭和の初めまで肉屋や漢方屋の店頭に「犬肉有ます」といった張り紙がぶら下っていたし、戦中戦後の飢餓期は当然として、今でもこっそり犬肉の味噌煮を食べる地方やゲテモノ喰いのクラブが存在している。気持の悪い話ばかりしてと愛犬家のあなたから叱られるかもしれないが、歴史的事実なので仕方がない。イヌを食べるなんて昔の人は何と野蛮なと思われるだろうが、逆に古人からすれば、デパ地下のショーケースには色んな種類と部位の肉がずらりと並び、レストランでは血のしたたるレアのビフテキに嬉々としてかぶりついている現代人の姿をみて、何と野蛮なと思うことだろう。文化の価値判断は相対的なものであり、先にもいったように自文化中心主義と自分の時代中心主義の偏見に陥いらないようにしなければならないのである。

ところでこうした犬肉食の習慣は、何波にもわたってやってきた渡来人がイヌと一緒にもちこんだものだった。そこで本家本元の中国について簡単に見ておこう。

二　中国の犬肉食

まず考古学的証拠だが、一番古い犬骨はすでに前六五〇〇〇年頃の遺跡から出土しているらしい。黄河中流域の仰韶《ヤンシャオ》文化（前四五〇〇〜二五〇〇年頃）では、野生動物の骨と一緒にイヌとブタの遺骨が発掘されているし、長江流域の河姆渡文化《ホームート》（前四四〇〇～三三〇〇年頃）――ついでにつけ加えておくと、ここは稲作の発祥地の一つとして注目されている――からもイヌやブタの骨が発見されている。まだこの頃はウシ、ウマ、ヒツジ、ヤギなどは馴化されておらず、イヌとブタが主な家畜だったらしい。動物を表わす漢字に多くつく犭偏《けものへん》はもともと犬の字からきているから、イヌは動物の代表だったのである。

殷代（前一六〇〇～一〇二〇年頃）になると、おびただしい人骨とともに多量の動物の骨が祭祀跡から出土し、鄭州の殷墟からは一〇〇個ちかい犬骨がまとまって土坑から発見された。一度の祭祀に約一〇〇〇人もの人身御供と約一〇〇〇頭もの動物を供犠した形跡があると王仁湘はその『中国飲食文化』でいっているから、まさに狂気のような大規模な献祭を行なっていたわけである。

遺跡から遺骸がでたからといって、原古の中国人が必ずしもイヌを食べていた証拠にはならない、と読者のあなたは疑念をもたれるかもしれない。しかし、殷での「これらの祭祀の犠牲は、煮熟後に陶製や青銅製の器具に盛られたり、棺槨の周囲に置かれたりしており、死者に贈られた食べもの」と王氏はいっているから、日常の調理法で作られた料理だったことは確実だろう。そのなかでイヌが上位を占めていたことは、新石器時代全般にわたって出土した動物の種類と頻度数からも明らかである。張競の『中華料理の文化史』から引用しておこう。「内蒙古、東北、華北、西北、華南などの地域で出土した豚、羊、牛、犬、馬、山羊、鶏などの動物のなかで、もっとも多いのは豚で七十三か所の遺跡から出土している。つづいて羊は五十九か所、三位の牛は五十七か所、犬は第四位を占め、五十か所に達している」。

これほど広い地域から犬骨が発掘され、しかもブタとイヌ以外の多くはまだ野生種だったことを勘案すると、やはり大昔から中国人は家畜としてのイヌを好物としていたことは疑えない。

古代では魚より上位

なにしろ机以外、四足のものなら何でも食べたといわれる中国人である。当然古記録にも沢山犬喰いの話が載っていた。とはいえ、山のような文献を崩して調べるのは、老骨には荷が重すぎるので、ここは王氏や張氏、その他先学の研究の助けをかりて、駆け足でみてゆくとしよう。

周公坦の撰したといわれる『周礼《しゅらい》・天官』には珍らしい食材で造った「八珍」という高級料理のレシピがでている。そのなかに「肝膋《かんりょう》」という料理があった。「膋」とは動物の内臓のまわりにある網状の脂肪、つまりフランス料理でも使う網脂のことで、それでイヌの肝臓を包んで、焦げるほど焼いた珍味らしい。また同書には、犬肉が祭祀の必需品だったので宮廷ではイヌを飼い、その官職は犬人と呼ばれていたことや庖人が掌《つかさど》る六畜のなかにも、ウシ、ウマ、ヒツジ、ブタ、ニワトリと並んでイヌがはいっていたことが記されている。『延喜式』の六畜もここからきたようだが、しかし、日本とちがって中国では肉食を穢れとは考えていなかったらしい。

魯の大吏、左丘明の著と伝えられる『国語・楚語上』には、祭祀のとき、「士は豚犬を、庶人

かもしれない。「珍品を献じない」とあったから、犬肉はごく普通の食べ物で、し

は焼魚を」祖廟に供えるが、「珍品を献じない」とあったから、犬肉はごく普通の食べ物で、しかも魚より、上位とされていたことが判るだろう。「献」という字も、もともと清めのためにイヌの血を塗った器にその肉をいれて祖霊に供犠することを指していた。皆でよく食べていたから、イヌを屠ってさばく職業だけでも生計《たつき》がたっていたらしい。有名なのは樊噲《はんかい》の話だろう。漢の高祖劉邦が楚王項羽と鴻門《こうもん》で会したとき、謀殺されそうになったところを、機転をきかせて脱出させたという功臣だが、『漢書』によると沛《はい》（今の江蘇省沛県）の出身で、高祖に仕える前は「始め狗屠《くと》を業とす」と書かれていた。

同じく漢の大戴と小戴がまとめたといわれる『礼記《らいき》』では、皇帝までが定期的に犬肉食を義務づけられていたことが明記されている。初秋の七月になると、「天子は白衣を着て、白玉を佩《お》び、麻の実と犬を食べ」ねばならなかった。つづく八月にも「犬肉をそえて麻の実を食べるが、先に宗廟に供える」慣例《しきたり》があった。犬肉と麻実《おのみ》をなぜ一緒に食べるのか不明だが、オノミは精力剤とされ、西洋でも多産の象徴になっていたから、あるいはそのせいだろうか。

前漢の有名な司馬遷の『史記・淮陰侯伝《わいいんこう》』には、「狡兎《こうと》死して良狗烹《りょうくに》らる」という韓信の有名な言葉が載っていた。すばしこいウサギが殺されると、追って捕えるのに役立った猟犬も不要になって煮て喰われるという意味で、敵国が滅びると戦功のあった重臣韓信も謀反の疑いで切り殺されたところから、役に立つ間はこき使われるが、用がなくなると捨てられるという喩えに今ではなっている。リストラの先駆ともいえ、宮仕えはいつもいずこも悲しいものである。その他、

長沙の馬王堆一号漢墓からは犬骨以外に食品名を記した竹簡が沢山出土しているが、そのなかに狗の大羹《たいかん》や巾羹《きんかん》という羹《あつもの》料理があった。レシピは詳《つまび》らかではないが、大体この頃までが中国での犬肉食の最盛期だったのである。

犬肉食の衰退

というのは、六朝以降になると情況が変ってきて、しだいにドッグ・イーターの数が減ってきた形跡があるからである。たとえば北魏で六世紀前半に書かれた、現存する最古の料理書『斉民《せいみん》要術』には沢山の動物の調理法が載っているが、犬料理についてはたった一カ所しかでてこない。「犬牒《けんちょう》」といわれるイヌの卵とじでレシピはこうなっている。

イヌの肉三〇斤、コムギ六升、濁酒六升をあわせて煮る。三回沸騰してから湯を交換し、さらにコムギおよび濁酒各三升で煮る。肉を骨ばなれさせて、切る。ニワトリの卵三〇個分の蛋白を肉のなかにいれ、こしきのなかで蒸して蛋白を固める。石でこれをおし、一晩おいて食べる。

しかしこれは散逸した『食経』に載っている調理法を再録したもので、豚肉や羊肉が六〇例以上でているのに比べると、極端に少ない。どうやら前代までの好物が忌避されてきたらしいのである。唐代については張氏の調査を引用させてもらう。

唐代の孟詵《もうせん》には『食療本草』という本がある。食物が薬としてどのような効用があるかを説明する書物だが、そのなかに犬肉の名が出てくる。ところが、作者はそのなかで、不思議なことに、最近の人々が犬肉の調理法を知らないと嘆いている。太った犬は血もおいしいから、捨ててはいけないのに、いまの人たちは犬を食べるときに血を捨ててしまう、これでは薬効がないと言う。一般の庶民が犬の食べ方を忘れたぐらいだから、犬を食べる人口は激減していたのであろう。

その他手元にある宋代の『山家清供』、元代の『居家必用事類全集』を繙《ひもと》いてみても、犬料理の話は一つもでてこない。南宋代に無門慧開が著した禅書『無門関』に、「羊頭を掲げて狗肉を売る」という有名な言葉がでてくるから、この頃には犬肉より羊肉のほうが上等とされていたことになる。元代の医師、忽思慧《こつしけい》の撰した『飲膳正要』にはイヌが登場するが、食用としてではなく、薬用としてだった。「犬肉は塩味、温にして無毒である。五臓を安め、切傷を治し、陽道〔精力〕を益《ま》し、血脈を補う。〔……〕黄色の犬の肉が一番佳《よ》く、蒜《のびる》と食うと必ずすぐに人を損ない、九月に食うと婦人の精神を損じてよくない。犬の四脚の蹄を煮て飲むと乳汁がよくでる」とある。

なぜ食べなくなったか

中国では『黄帝内経』以来、食物は天地の精の凝集したものであり、この自然の気をとりいれると、人間の精気に作用する、と考えられてきた。医食同源――ただしこれは和製語らしい――とみなされてきたわけで、本草書にも食品の薬効を説いたものが多い。しかし楽しんで食事をするのと、薬として苦くとも呑みこむのとでは、快楽度に大きな違いがでてくるだろう。一番いいのは美味しく喜んで食べて、知らず知らず薬にもなっていることだが、しかし病気になると食事制限などもあって、両者が分離する。薬膳としてだけイヌを食べることは、日常の食卓から犬肉が姿を消したことを物語っていたのである。はたして同じ元代の賈銘《かめい》が著した『飲食須知《しゅち》』では、犬肉は栄養の上からも健康の上からも何のいいところもないと、食膳からも薬膳からも犬肉はきれいさっぱり追放されてしまっていた。

後漢の滅亡後、どうして中国でドッグ・イーターが減少してきたのか、その理由は大きく分けて二つ考えられる。一つは、前漢末から後漢初期に伝来した仏教のせいだといわれてきた。しかし殺生戒が国是とされ、全国的に肉食禁止令がでた痕跡は中国にはない。たしかに北魏では仏教が国教となり、孝文帝は牛馬の屠畜を厳禁したが、しかし先にのべた『斉民要術』では、じつに沢山の動物の料理・加工法が記載されていた。それに何より漢代は犬肉食の黄金時代だったのである。僧侶や篤信者を別にして、中国人は西洋人ほどでなかったにしても、日本人に比べると驚くほどの肉食民《カルニヴォラ》だった。もし仏教の影響なら、イヌだけが狙いうちにされたはずはなかっただろう。

そこでもう一つの理由が登場する。読者のあなたもご存知のように、漢民族は古くからツングース系、モンゴル系、トルコ系、チベット系、イラン系などの北方ないし西方民族の侵入をうけ、しばしばあちこちでその征服王朝の下に服属させられていた。たとえば北魏は鮮卑族の拓跋《たくばつ》氏が建国したものであり、隋唐も鮮卑族の系統をひき、元朝はいうまでもなく蒙古族のフビライ汗が樹立したものだった。五胡の多くは狩猟・遊牧民であって、イヌを重要な仲間であり財産としていたので、中国人の犬喰いの習俗に眉をひそめ、止めさせようと圧力をかけてきた。突厥《とっけつ》族の古い伝説によると、彼らはオオカミの子孫で、オオカミをトーテム（祖先神）としていた（『隋書』）し、フビライ汗の祖父で、広大なモンゴル帝国を建設したチンギス汗は《草原の蒼き狼》と尊称されていた。アメリカやオーストラリアの先住民も祭りのとき以外トーテムを決して食べなかったから、オオカミの子孫である支配階級は、同じくオオカミの子孫であるイヌを喰う漢人を心理的、物理的なさまざまの仕方で当然圧迫し、禁圧したにちがいない。もっともシムーンズの『肉食タブーの世界史』によると、モンゴル人もチュルク語民族も、昔は聖なるがゆえにイヌを食べていた記録があり、犬肉を扱う専門の商人がいたようだが。

いた。

犬肉食の復活

とはいえ、あの広大な中国から、ドッグ・イーターがすべて消えてしまったわけではない。明代に訪中したガスパール・ダ・クルスはその『十六世紀華南事物誌』で、つぎのように記録していた。

カンタン〔広州〕の城壁の外側ぞいには飲食店だけの通りが一つある。それらの飲食店ではすべて四ツ切りにされた犬を売っている。焼いてあったり茹でてあったり生のままであったりする。また頭の皮がはがされていたり、両耳だけそのままついていたりもする。これは皮のはがし方が子豚と同じようであることによる。犬は賤しい人たちの食べ物で、市中いたるところで、檻に入れられ生きたまま売っている。

明は太祖朱元璋が建てた久しぶりの漢民族の王朝で、当初南京を首都とし、北京にまで進撃してモンゴル族を北方に追い払ってしまった。それまで漢人は北方民族に押されて、南へ南へと逃げていたから、犬肉食の習俗も華南に逼塞《ひっそく》していたのが、漢民族王朝の復活によって圧迫の暗雲が晴れて息をふきかえしたわけである。じじつ太祖の子、寧王朱権の『臞仙《くせん》神隠書』の料理部分は、元代の『居家必用』のほとんど焼き直しだが、そこにはない糊犬というメニューが新たに記載されていた。犬肉を瓜のなかに詰めて蒸焼にしたものらしい（篠田統《おさむ》『中国食物史』）。

とはいえ、一〇〇〇年以上にわたる異民族支配の影響はやはり強かったようで、イカモノ喰いの本場広州でも、この頃犬肉料理は下賤な人しか食べなくなっていたのかもしれない。「今日では、広東人がイヌを食べる習慣は、通常かなり限られた範囲でしか見られなくなっている」と、シムーンズも前掲書でいっていた。数千年の間に天子の神饌から下々の食物にまで、犬肉はその地位を転落させてしまったのである。

周恩来の大好物

しかし、現代では逆の現象も見られた。たとえば周恩来首相の犬好きは有名だが、北朝鮮を訪問したとき、毎日一品は犬肉料理を食べ、公式の宴会では「全狗席」、つまり犬尽しのフルコースに金日成主席や田中角栄首相と一緒に舌鼓をうったというから、愛好家は上層部にも広がっていたことになる。民族の伝統である犬喰いの盛衰は、いわば政治的独立度のバロメーターであり、その味にはナショナリズムが沁みこんでいたといえるかもしれない。そこで最後に面白い小話があるので、紹介しておこう。

某年某日、北京のイギリス大使館でレセプションがあり、中国の外相が大使の飼っているスパニュエル種の雌イヌをほめそやした。ちょうど間もなく子供が生まれるはずなので、その仔犬をお受けとりいただけたら光栄ですが、と大使は丁重に申し出て、後に贈物を届けた。数カ月たって、とある国家行事で二人は顔をあわせ、「仔犬はお気に召しましたか」と大使がたずねた。「たいそうな美味でした」と外相は答えた、というのである。この笑話は、清朝の政治家、李鴻章がロンドンへ交渉にいったとき、イギリス外相から贈られたシェパードを平らげてしまったエピソードをネタにしたものらしいが、それにしてもなかなかよくできた寸話である。イヌを見て舌なめずりするかしないかという、中国人と西洋人の違いを端的に表示しているからだ。とはいえ、その西洋でも昔は結構イヌをよく食べていた。犬猫を食べたと聞いただけで続々と気絶したサンフランシスコの女性は、過去の実態をしらず、現在の常識だけで物事を判断していたにすぎない。

そこで西洋の犬喰いの話に移るとしよう。

三　西洋の犬肉食

クロマニョン人がすでにイヌを飼っていたことは前述したが、印欧語族が侵入してくる以前の旧ヨーロッパでは、イヌが夜を司どる悪魔的動物で、同時に邪悪な危険から守ってくれる聖なる動物として月の女神と結びつき、その祭壇にしばしば供犠されていたらしい。青銅期以後については、シムーンズが諸文献からの考古学的報告を要領よくまとめてくれている。「その後の時代の中央ヨーロッパや東ヨーロッパの遺跡では、折れたり、砕けたり、焦げたりしたイヌの骨や頭蓋骨が出土しており、そこからは、イヌが食されて、その脳が特別なご馳走とされていたことがうかがい知れるだろう。少なくともその地域の遺跡の一つで確認された何本かのイヌの骨には、肉を焼いたり、さばいたり、齧ったりした跡が残っており、イギリスやデンマークの古代遺跡でも、何本かのイヌの骨に、肉を外すときに残されたらしい刃物の傷が確認されているのである」。非常に古くから西洋にもドッグ・イーターがいたことは明らかだろう。

古代ギリシアの聖と賤

古代ギリシアにくると、プラトン派の哲学者ポルフィリオスは、ギリシア人は一般に犬肉を口にしなかったといっているけれども、夜と冥界の女神ヘカテはいつもイヌをつれあるき、四つ辻に祠られたその像には犬肉が捧げられた。これを「ヘカテの食事」といい、必要に迫られた貧者や旅行者に「たちまち奪いさられた」と、喜劇作家のアリストパネスはその『福の神《プルートス》』のなかでいっている。イヌは古代中国でと同じく、神に献じる神饌だったのである。

また医神アスクレピオスの神殿では、さまざまな慢性の病気を治すために、犬肉のスープを飲ませたり、イヌに病気の診断をさせていた。といってもイヌが聴診器を使ったわけではなく、病人がイヌにさわると病気が感染するので、イヌを解剖して病因を調べたのである。医術の父とされるヒポクラテスや有名な医者のディオクレスが、犬肉を薬として処方した記録も残っていた。

なかでもびっくりするのは、アテナイオスの『食卓の賢人たち』にでてくる、ピュタゴラス学派のエピカリデスの話だろう。というのもピュタゴラス教団は厳格な菜食主義——動物性の乳製品、卵、蜂蜜も食べないので植物主義ともいわれた——を守り、「魚も食わなきゃ、そのほか命のあるものは何でも食わない」ことになっていた。にもかかわらずエピカリデスはイヌを食べていた。その理由は、動物の命を奪ってその肉を食ってはならない。しかし殺したイヌはもう命がないからという屁理屈だったから面白い。まさに詭弁学派《ソフィスト》の面目躍如といったところで、これならどんな禁制もくぐりぬけられるだろう。植物にも命があるはずなのに、収穫したら死んでいるから許食だったのだろうか。

　ギリシア文明をうけついだローマ文明でも、事ある毎にイヌは胃の腑におさまっていた。ローマ人は休日にヒツジの毛を刈ったり、種蒔きをしたり、ブドウを収穫するまえに、儀礼として仔犬を殺し、神に捧げる習慣をもっていた。またロビガリアという春の祭りでは、コムギがさび病（ロビゴ）にかからないように生贄としてヒツジと一緒にイヌをロビグス神に供えていた。当然その後で神饌のお下りを皆で食べていたことは、新任の祭司を迎える饗宴でも神に供犠したあとの仔犬を食べていたことからも明らかである。プリニウスの有名な『博物誌』から引用しておこう。

　乳を呑んでいる子イヌは、まったく清らかな食物と考えられるので、彼らは、神々をなだめるための犠牲の代りをすることさえあった。ゲニタ・マナは子イヌの犠牲を捧げて礼拝される。そして神々をたたえる正餐においては、今日でも子イヌの肉が食膳に供される。実際、子イヌの肉が就任の饗宴におけるとくべつの料理だったということについては、プラウトゥスの喜劇の中にその証拠がある。イヌの血は、矢の毒に対する最良の薬と考えられており、またこの動物が、人類に嘔吐剤の効用を教えたものらしい。

ゲニタ・マナというのは女性生殖器《ゲニタ》という言葉から判るように、妊娠と出産を司どる非常に古い女神のことで、それに仔犬を供犠したのは、日本と同じく安産と結びついていたからだろう。ローマの伝説によると、建国の英雄ロムルスとレムスの双生児は牝狼《ルパ》に育てられたことになっている。年一度の浄化儀礼ルペルカリア祭（二月一五日）は、後世では牧神《ファウヌス》の祭りとされたが、もともとは狼神《ルペルクス》の祭りで、オオカミの毛皮をまとった若者たちがパラティヌスの丘――ローマの七丘の一つで、ロムルスが最初にローマを建設した所――の周りをぐるぐる回って、一年間に溜った穢れを清めた。この時もイヌが殺され供犠された、とプルタルコスは『モラリア』でいっている。

ローマ人はじつはギリシア人と同じように、道端のゴミや残飯を漁ったり、死体を食べたりする清掃屋としてイヌを一面では不浄視していたが、その忠実性と知性を高く買い、ルパの子孫でもあるところから他面では神聖視していた。イヌを崇拝していたペルシアの拝火教徒《ゾロアスター》や、イヌの頭をもつアヌビス神を崇敬していたエジプト人の影響もあったようである。それなのに犬喰いなのは奇妙だと、読者のあなたは思われるかもしれない。ところがこれまた奇妙なことに、ラテン語の「聖なる《サケル》（sacer）」という単語は、同時に「忌わしい、穢れた」という反対の意味をもっていた。ギリシア語の「聖なる《ハギオス》(hagios)」という言葉も同じである。不浄だからこそイヌには強い魔力がひそみ、その肉を神々に供えて浄化したあと、そのお下りを伴食すると神聖な力を心身に滞電できると信じていたのである。トーテム動物を日頃は決して食べない先住民も、特別の祭りの日には捕って食べていたのと同じだった。が、この問題については後で詳しくのべよう。

中世以降は犬喰いに不利

中世になるとしかし、ドッグ・イーターの姿がほとんど見られなくなる。なぜだろうか。その空白の原因をむしろここでは探っておかねばならない。

愚見ではその主な理由は二つあった。その一つはユダヤ＝キリスト教であって、読者のあなたも先刻ご存知のように、父なる神ヤハウエを唯一絶対の超越神として崇拝する一神教だったところから、それ以前のアニミズム的な多くの異教の神々をすべて否定、排斥し、悪魔に落してしまった。たとえば、ギリシア神話で、《野獣の女王》と呼ばれ、胸に一杯乳房をつけた多産豊饒の太母神アルテミス(ローマ神話のディァアナ)は、神学者たちによって魔女ストリガに変えられた。ヤハウエ以外の神を信じることは厳禁され、古い神々がもっていた善悪、正邪、吉凶といった両義的な二相のうち、善いほうをすべて至高神ヤハウエの、悪いほうをすべて悪魔の属性にしてしまったのである。

イヌはそうした異教の神々の化身だったり従者だったりしていたから、当然悪魔的存在として目の敵にされた。たとえば『旧約聖書』では、人をイヌ呼ばわりすることは軽蔑・侮辱を表わし（「サムエル記」）、強欲のシンボルともされていた（「イザヤ書」）。「レビ記」一一章二七節には「すべて四つの足で歩く獣のうち、その足の裏のふくらみで歩くものは皆あなたがたに汚れたものである。すべてその死体に触れる者は夕方まで汚れる」とあり、イヌ科、ネコ科の動物がこのなかにはいることはいうまでもあるまい。『新約』でも、「マタイによる福音書」では、有名な「豚に真珠」という格言とならんで、「聖なるものを犬にやるな」とされ、偽りの教義を唱える人々やくりかえし罪を犯す人を「犬は自分の吐いた物に帰る」（「ペテロの第二の手紙」）と、キリスト自身悪しざまに貶《けな》していた。とりわけ英語の犬《ドッグ》（dog）は神《ゴッド》（god）の逆綴り《アナグラム》だったので、自分の尻尾をくわえているイヌは悪魔の化身とされていたし、一四世紀に全ヨーロッパを恐怖のどん底におとしいれたペストの大流行も、黒犬に化けた悪魔が黒死病をまきちらして回ったせいだ、と噂されたほどである。これではとてもイヌに食欲を感じなかったことだろう。

もう一つの理由は、日本のばあいと同じく、王侯貴族がイヌを猟犬として飼い、権力の象徴としていたことにあった。封建時代では、主君に忠実、従順に仕え、命じられたら勇猛果敢に死を怖れず戦うことが最高の美徳とされていたから、そうした性質をもつ猛犬は騎士の鑑であり、多くもつほど領主の威光が高まった。猟犬《タリオン》を飼えるのは上層階級だけという法律上の規定もあり、貴族の愛犬を傷つけたり殺したりすると同態報復がまっていた。逆に領主の猟犬が通行人を襲ったり、家畜を噛み殺してもせいぜい涙金がでるだけだった。いわばイヌのもつ両義的な性質、すなわち不吉で不浄で人目をはばからず交尾するような淫猥な悪い面と、忠実で勇敢で命がけで飼主を守ろうとする善い面とが中世では分裂し、そしてそのどちらも犬喰いに不利に作用したわけである。

飢えたら食べた？

しかし、中世を通じて全く犬肉食がなかったとは思われない。というのも、中世の農奴や都市の下層民の生活は食うや食わずのひどい状況で、恒常的な飢餓状態にあった。たとえばフィレンツェでは「一三七一年から一七九一年までに、大豊作の年がわずか一六回だったの対して、食糧欠乏の年は一一一回あった」と、フランスの歴史学者ブローデルはその『物質文明・経済・資本主義』でいっている。じつに三・八年に一回の飢饉である。ヨーロッパ全体についていうと、一〇世紀から一五世紀にかけて各世紀毎に七、八回の飢饉があり、その前後五、六年も不作が続いたという数字があるから、三分の一から二分の一近くまで庶民は飢えに苦しんでいたわけである。しかも豊作の年でも貧しい人々は、今では家畜の飼料にするエンバクのうすい粥を主にすすっているだけだった。

中世の資料が少ないので、後世の記録をちょっと覗いてみよう。一七世紀前半の三〇年戦争のとき、ドイツでは人間とイヌが墓場で死体を奪いあったが、あまりの空腹に耐えかねた人々はそのイヌまで殺して平らげてしまった、という年代記が残っている。同じ頃イギリスでも、多くの家庭で犬肉が「おいしい御馳走」となり、猫肉も「うまいポタージュ」に化けていたらしい（トマス、『人間と自然界』）。

こうした極限的な状況になると、人間は日頃嫌悪したり忌避していた物でも手当り次第に口にすることは、天明や天保の大飢饉でも見られたが、一九世紀末のフランスでも見られた。普仏戦争のとき、プロイセン軍に包囲されたパリではすさまじい食糧難に陥り、人々は生きのびるために動物園のゾウやカンガルーからシマウマやインコまで盗みだしてむしゃむしゃやった。そのなかにイヌもいたことは当時の新聞に明らかである。フランスの作家ロミの『悪食大全』によると、『攻囲通信』の記者は犬肉を大いにほめていた。「きちんと皮を剝いで、うまく調味し、ふつうのソースで味つけすれば犬肉はおいしい食肉である。色もピンクできれいだし、ちっとも固くなくて美味だといえる」。しかし、その逆の評価もあった。次は『絵入り世界』紙の記事である。「犬は人間の友だちである。だが、食べるにはまったく向いていない。記者は好奇心から犬肉を食べてみた。おぞましいの一言。肉は嚙みきれないほど固く、どこか腐乱した臭いがする」。どちらが正しいか、調理法にもよるから、筆者には判断がつきかねるので、ここは一つ読者のあなたに試して頂いたほうがよさそうである。

近代でもこのようだったから、しょっちゅう空腹と飢餓感に呵《さいな》まれていた中世の庶民たちも、当然イヌを殺して食べていたにちがいない。だがこの当時、貧しい人々は読み書きができなかった。いくら探してもドッグ・イーターの記録が見つからないのもそのせいかと思われる。

クックの航海日誌

したがって犬肉食の復活は、カトリック教会の権威と封建体制がゆらぎ始めたルネッサンス期以降まで、またねばならない。そこで、異常時ではなく、平常時の犬喰いの実例について、シムーンズから引用しておこう。

十六世紀半ばにはイタリアの医学者であるジロラモ・カルダーノが、子犬の肉を使って、スコットランドのセント・アンドルーズのカトリック教の大司教、ジョン・ハミルトンを治療したという話もある。十七世紀の文章にもこうした習慣に触れた箇所が二つ見受けられ、まずトマス・マフェットによる説明には、当時コルシカで子犬が食されていたとあり、次にジョン・ジョスリンによる説明には、スパニエル種の幼い子犬が十七世紀のイギリスやフランスで称賛されていたとある。

一八世紀になると、堂々とイヌを味わうイギリス人がでてきた。大航海時代の掉尾《とうび》を飾る、南太平洋を探検して回った船長《キャプテン》クックの一行である。一七六九年の第一回航海でタヒチ島に上陸したとき、彼は航海日誌にこう書きつけている。「飼い慣らされた動物には、豚、鶏、犬があるが、われわれはこの地で犬を食べることを覚えた。南海の犬はイギリスの羊に味が似ている、というのが、われわれの大方の意見である。ひとついい点は、ここの犬が野菜しか食物にしないことである」。

さすがのキャプテンもタヒチ人のもう一つの食慣習、つまりシラミの食事には顔をそむけたようだが、「ここの犬が野菜しか食物にしない」といっているのには、ちょっと注釈が必要だろう。ポリネシアには狩りの獲物にする大型動物がいなかったし、泥棒もいなかった。家々は戸締りをせず開放的で、誰でも勝手に他人の家へはいってその辺にある食べ物を頂戴してかまわなかった。したがって猟犬や番犬の必要はなく、「育てられる目的は、もっぱら食べるため」（クック）だったのである。タヒチやハワイではふつうタロイモを煮てつぶし、丸めたポイを主食にしていたが、それを口移しでイヌに食べさせたり、なかには自分の乳房で仔犬を育てる女性もいた。片方の乳房には自分の赤ん坊、もう一方の乳房にイヌかブタの赤ん坊がしがみつく、といった光景である。母乳で育てた犬肉は、とりわけ柔かく、美味しいといわれていた。嘘だと疑われるかもしれないので、一八二五年のマクリーの証言を紹介しておこう。

> 若い女性は道を歩きながら、肩から胸にかけて吊した樹皮布《タパ》にくるんだ数匹の仔犬に乳をやっていた。犬や豚に授乳する慣習はサンドイッチ諸島の先住民にはありふれたことである。これらの動物は自分の子供と同じように育てられている。植物採集に森へはいると、私はしばしばこんな習慣を目撃する機会に恵まれた。母親が自分の子供にするのと同じように、タ

ロイモから作ったポイを若い豚や犬にやっている光景にしばしばでくわしたのである。

子供同然にイヌを可愛がっている日本の女性で、まさかこんな芸当をされた方はさすがにないだろう。ポリネシアのイヌは日本のペット犬以上の存在だったわけである。

それほど愛育していたのに、また貴重な財産で貨幣の代りにもなったのに、祭りがくると殺して内臓をとりだし、毛焼きし、椰子殻にためておいたその血を塗り、土に埋めて石蒸しにして神々に捧げたあと、皆でむしゃぶりついていた。もっともなかには神官と貴族だけが食べてよく、女性と子供には食禁のところもあったが、タヒチの平民たちは直会《なおらい》のあと残った犬肉をこっそり家にもち帰り、家族に食べさせていたらしい。昔はイースター島、トンガ島、プカプカ島などイヌのいない島もあったが、ポリネシアはアジアやアフリカ——といっても食べない部族もあったけれど——と並んで犬喰いの中心地《センター》だったのである。しかし西洋人が植民地化し、キリスト教をもちこんで犬肉食を禁止してから、この習俗は弾圧され、しだいに衰退していった。自分たちの神だけが唯一絶対神であり、それ以外の異教の神々は悪魔だときめつけたように、自分たちの食習慣だけが唯一絶対に正しいと武力を背景に押しつけて、イヌを許食域から追放し、文化の多様性を滅ぼしてしまったわけである。

現代でもスイス、スペインに愛好家が

ところがその西洋で、二〇世紀になってもイヌを食べていたびっくり仰天するような事実が明るみにでた。シムーンズによると、二〇世紀初頭、ドイツで年間約八〇〇〇頭のイヌが食用に殺され、そのうち一四〇〇頭がカッセルやケムニッツなどの都市で消費されていた。一九〇四年から二四年までの間に、同じくケムニッツやブレスラウ、ミュンヘンの三都市で四万二四〇〇頭のイヌが屠られていた。それだけではない。スイスのロマンド地方（フランス語地域）のドッグ・イーターの実態が、一九九二年にドイツ語のテレビ番組で放映され、フランスにも流されて大きな反響をよんだ。愛好家のためにイヌの腿肉をだすレストランがあり、中国同様ハムや干し肉も作られていたらしい。ちなみに「犬一頭の処理代がスイスフランで約三十、フランスフランに換算して約八十五フラン。一頭につき肉十五キロ、脂肪四キロがとれる」（ロミ、前掲書）のだそうである。スペインのエストレマドゥラ地方では今も犬肉が珍味とされているようで、ヨーロッパには「イヌの屠畜や売買が適切な方法で行なわれるように定めた法律をもつ国が、いくつもある」とシムーンズはつけ加えているから、ますます驚きである。他民族の古くからの犬肉食の伝統を野蛮だ、残酷だと非難、誹謗しておきながら、自分たちはこっそり食べていたのだから、西洋のいわゆる動物愛護精神とやらをもう一度根本的に検討してみる必要があるだろう。逆にいえばしかし、それほど犬肉には魅力があったということかもしれない。

Ⅱ章　ネコを食べた人々（キャット・イーター）

犬肉食《キノファギア》についてはかなり資料があるが、猫肉食《フェリファギア》については、じつはほとんど資料がない。古今東西南北の肉食タブーを詳しく調査したシムーンズも、ブタ、ウシ、ニワトリ、ウマ、ラクダ、イヌ、魚についてはそれぞれ章を設けて論じているけれども、ネコについては、「文献に残された証拠が少ない」のでとりあげていなかった。ネコ科の動物にはトラやライオン、ジャガーやチーターなど猛獣が多く、人間が食べるより食べられることのほうが多かったせいだろうか。

一　ネコの飼い初《ぞ》め

水鳥猟で活用

ネコが家畜化されたのは、イヌよりずっと遅く、アフリカでだった。ナイル河上流の先住民が野生のリビアネコをある程度馴らして、水鳥狩りに使ったのが始りらしい。水を嫌うネコを水禽猟に用いたのはおかしいと思われるかもしれないが、おそらくアフリカ内部の湖沼地帯に多く棲息する沼猫ではないか、と加茂儀一は『家畜文化史』でいっている。

この習俗をエジプト人がとりいれ、さらにずっと馴致しやすい小型のエジプトネコを飼い始めたのが第一王朝（前三二〇〇〜二九八〇年）の頃からで、第五王朝（前二四九四〜二三四五年）になると首輪をつけたネコの絵が残っているので、ペットとしても飼われていたらしい。さらに第一八王朝（前一五六七〜一三〇四年）になると、椅子の下でアヒルを抱いたネコと、その上をサルの跳んでいる壁絵が王家の墳墓に描かれていた。だがまた、舟にのって水辺の草むらを棒で叩き、ネコにとってこさせる水鳥猟の絵も記念碑に残されていたので、この頃までまだ古い慣習が残存していたらしい。もっともイギリスの動物学者モリスの『キャット・ウォッチング　Ⅱ』によると、キプロス島の前六〇〇〇年頃の遺跡から、小型ネコの骨が発見されたとのことで、もしそれが正しいとすると家猫の起源は数千年遡ることになるが。

ネコの女神

ネコにはしかし、水禽猟に使うよりも、もっと別のすぐれた猟の能力があった。いうまでもなくネズミ狩りである。農業国エジプトでは穀物を荒らすネズミに悩まされていたので、イタチやヘビに任せるよりずっと効果があることを知って、ネコのこの狩猟本能を大いに活用し始めた。

ネコはエジプト農民の救世主になったのである。しかもネコは夜目が利き、暗闇のなかで眼が光る。そこから古代エジプト人は夜、冥界に沈んだ太陽神ラーがネコの目を通してこの世を見ている、と信じるようになった。エジプトではネコをその鳴き声から「マウ」と呼んだが、これには「見る」の意味もあった。またネコの瞳は光の明暗によって変化し、細くなったり丸くなったりするので、月の満ち欠けとも関係すると考えられた。そこでネコの頭部をもつ月と愛と生殖の女神バスト（パシュトともいう）として崇拝されるようになった。バスト神崇拝の中心地ブバスティスでは、毎年の春祭りになると何千人もの敬虔な信者や子宝を授かりたいと願う女性が集まり、愛の女神の祭りにふさわしい乱痴気騒ぎをしていたことが、ギリシアの歴史家ヘロドトスの『歴史』で記述されている。ネコが死ぬと飼主は眉をそり落して悲しみを表わし、喪に服したあと、ミイラにして聖地に埋葬した。エジプト中部のベニ・ハッサンからは、何と三〇万体のネコのミイラが一八八九年に発掘されている。

太陽神でもあれば月神でもあったネコは神聖な動物として、国家や家族に幸福をもたらす守護神となり、ネコを殺した者は死刑に処せられた。ネコ科の学名フェリス（Felis）はラテン語の猫《フエレス》（feles）からきているが、これは「稔り豊かな、吉兆の、幸運な」を意味するフェリクス（felix）と同根だった。エジプト人の猫教（猫狂？）がローマへも影響していたのである。当然ネコはエジプト国内から門外不出とされ、他地域には希な例外を除いて伝播しなかった。前五二五年にペルシア王カンビュセス二世がエジプトに遠征し、エジプト王をメンフィスで捕えて全土を征服したとき、大量のネコが戦利品としてペルシアに送られ、以後オリエントでも飼猫が普及した。希な例外といったのは、エジプトと交易のあったクレタ文明では、前一三〇〇年頃少数ながらもネコが移入されていたようで、そこからギリシアへも珍奇な動物として渡ったらしい。前九世紀頃の、アテナイ付近から出土した大理石の浮彫りにはイヌとネコを喧嘩させている図が刻まれ、前四世紀のギリシアの大哲学者アリストテレスもその『動物誌』で、ネコの交尾の仕方や習性について書いている。しかし猫肉食については触れていないので、エジプト同様、ギリシアでも食物とは見なされていなかったのだろう。

二　西洋の猫肉食

なぜ古代と中世では忌避されたか

西洋でネコの姿が広く見られるようになったのは、エジプトがローマ帝国の領土に編入された一世紀以降のことにすぎない。ネコのことを英語でキャット（cat）、フランス語でシャ（chat）、ドイツ語でカッツェ（Katze）、イタリア語でガット（gatto）、スペイン語とポルトガル語でガト（gato）というが、これらはいずれもラテン語のネコを指すカトウス（catus）からきている。形容詞でカトウスは「目ざとい、明敏な、賢い」という意味があり、夜目がきき、音もなく忍びよって獲物をとらえる俊敏で聡《さと》いその性質を表わしていた。ローマ人にとってネコは幸運《フェリクス》をもたらす利口《カトウス》な動物だったわけである。そのせいか、イソギンチャクやフラミンゴの舌、ラクダの蹄《ひづめ》からブタの乳房や外陰部まで食べていたほどのイカモノ喰いで、また大量の美味、珍味を寝椅子に横たわって食べては吐き、吐いてはまた食べていたローマ貴族の食卓に、猫肉が上っていた形跡が見あたらない。今に残る最古の料理書、『料理人の技術』や『料理人アピキウス』のレシピにも、有名なペトロニウスの『サチュリコン』のなかのトルマルキオの饗宴のメニューにも、でてこないのである。むろんこれらは一、二世紀頃の本で、まだ家猫がそれほど多くいなかったためだろうが、《森のネコ》といわれたヨーロッパヤマネコは沢山いたはず——現在でもピレネー山脈やその他に棲息している——である。しかしローマ人は、ヤマネは大好物だったが、ヤマネコは敬遠していたらしい。

その理由は、今しがたいったように、ネコと一緒にエジプトのネコ崇拝がローマにはいったことにある。紀元前後の詩人オウィディウスの『変身譚』によると、ゼウスが怪物的巨人テュフォンと戦ったとき、その余りの物凄さに恐れをなしてオリュンポスの神々が動物の姿になって逃げだしたが、あのアルテミスはネコに化身してエジプトに避難したと歌われている。また彼女の老女相とされているヘカテも、しばしばネコに姿を変え、ネコの尻尾のような花穂をもつネコヤナギをエンブレムとしていた。月の女神であり、夜と冥界を支配し、また豊饒と多産の太母神であるところから、共にローマではバスト神と同一視されていたのである。

中世では「ネコは九回生きかえる」という伝承があったが、これはエジプトの九柱の創造神と関連があるとされ、しぶとい生命力、豊かな生殖力をもつ神秘的な動物と目されていた。そこから近代になってもネコを穀物霊とみなす民俗が残っていたことを、イギリスの民族学者フレイザーはその『金枝篇』で紹介している。古代ケルト・ゲルマン民族に家猫が伝わったのは八世紀頃とされているが、豊饒の女神で穀物の精とされるフレイアの愛獣として、その車を二匹のネコがひいていたのも、月と愛と豊饒の女神バストの面影を映していたのだろう。

長年にわたって品種改良されてきたのに、イヌに比べるとネコはいまだに人に真底から懐《なつ》こうとしない野性を残し、孤独を好み、勝手気儘で、ぐうたらかと思うと敏捷で、「ネコを被る」のがうまい。食べ物をねだるときには「ネコなで声」ですりよって甘えるかと思うと、たちまち豹変（猫変？）して、爪でひっかいたりする。西洋の詩人たちがしばしばネコを可愛い魔性の女に喩《たと》えたのも無理はなかった。ペット好きが犬派と猫派に分れているのもそのせいだが、西洋古代・中世のネコは、ネコ科の野生動物特有のこうした本性をもっと濃厚にとどめていたはずである。ローマ人たちがネコを敬遠して食べなかったのも、不気味で、油断のならない七変化《しちへんげ》的なその魔性のゆえではなかったかと思われる。

中世になると、しかしたんなる忌避ではすまなくなり、猫喰いは禁忌になっていた。『旧約・レビ記』では、「獣のうち、ひづめの分れたもの、反芻するもの」、つまりウシ、シカ、ヒツジなどの偶蹄目反芻類の草食動物だけが清浄だとして食べることを許され、また前にもいったように「足の裏のふくらみで歩く」肉食や雑食で爪をもつ動物は不浄として禁食になっていたからである。カトリック教会が夫婦のベッドのなかまで監視の目を光らすほど人々の日常生活を統制していた時代のこと、もしタブーを破れば、異端、異教徒として迫害され、破門されただろう。

それだけではない。既述のように、教会は異教の神々をすべて否定し、悪の権化として断罪していた。中世末になると、ヨーロッパを震撼させたあの魔女狩りが始まるが、ヘカテやアルテミス＝ディアナは魔女の女王とされ、その従者であるネコは悪魔の使いとなった。魔女の毒薬にはいやらしい他の動物と一緒にネコの血や臓物がはいっているとされ、巨大な牡猫は魔王の化身とみなされた。古い家屋を解体するとネコの骨がでてくることがあるが、これはネコの魔力を逆用して、新築のときネコを生き埋めにし、守護霊としたものである。これでは名だたるゲテモノ好きで美食家のローマ貴族も、肉食民の盛名をほしいままにした中世貴族たちも、さすがにネコに手をだすことはできなかっただろう。

近世以降の料理法

ネコを食べた話ではなく、なぜ食べなかったかの話になってしまったが、近世以降になると、宗教戦争による新旧両派への分裂などがあって、キリスト教の権威が失墜し、支配力が弱体化し、統制の箍《たが》がゆるんで、個人の私生活への介入も減少すると、ぼつぼつ猫喰いの記録が現われてくる。たとえば、スペインのデ・ノラの『料理書』（一五二九年）には、ネコの丸焼きのレシピが載っていた。それによると、まず毛をむしったネコを麻布でぐるぐる巻いて、一晩地中に埋め、ニンニクと油をすりこんでこんがり丸焼きにする。飼猫よりもピレネー地方の野生猫のほうがずっと美味しい。ただし、ネコの脳を食べると頭がおかしくなるから食べるべきではない、とされていた。ヤマネコ喰いは、すでに前二千年紀初めのシュメールの『スドの結婚』に、エンリル王が婚約の祝宴のため多数の動物と共に、「山猫、狐、山犬、豹」(ボテロ『最古の料理』)を集めた話が載っているから、案外に古かったのである。

イギリスでもスチュアート朝初期のジェームズ・ハートはその『新奇譚』(一六三三年)で、「ごくたまに故意からか、あるいはそれと知らずにかネコを食べてしまうこともあったが、食べた人は何ら不快を感じなかった」と書いていた。しかし同時代の牧師トップセルは、「毎日ネズミやハツカネズミ、ミソサザイや毒を摂取している他の鳥を食べているので、ネコの肉は危険だ」(トマス、前掲書)と、懸念を表明している。フランスではネコをシチューにして食べると、若い娘が妊娠するという言い伝えが古くからあった。ただし産まれてくるのは仔猫だそうだが。おそらくここには、月と愛と豊饒のあの女神たちとネコとの関係が、集団無意識的な記憶として残っていたのだろう。フランス語の牝猫《シャット》(chatte)、仔猫《ミネット》(minette)、英語の仔猫《プッシー》(pussy)といった言葉が俗語や隠語で女性性器《ワギナ》を指しているのも、そのせいかと思われる。

魔性のネコ

魔女狩り旋風が終息した近代になっても、ネコは相変らず魔性の動物とみなされ、色んな迷信につきまとわれていた。アメリカの歴史学者ダーントンの『猫の大虐殺』からフランスの例を紹介しておこう。「アンジューでは、猫はパンの練り粉がふくらむのを妨害できると信じられていた。ブルターニュでは、漁師が道端で猫にすれ違うと、その日は不漁になった。ベアルンでは、猫を生き埋めにすれば、畑に草が生えなかった。〔……〕殺したばかりのまだ温かい猫の脳髄を食べれば、自分の姿を見えなくすることさえできた。少なくとも、ブルターニュではそう信じられている」。

日本でも南西諸島では所用の途上、ネコにゆきあうと不吉だとして戻ってくる習俗があったし、すでに早く藤原定家の『明月記』天福元（一二三三）年条にも、「猫跨《ねこまた》の獣がでてきて、一夜に七、八人を喰う」という噂が書きとめられていた。猫股とは尾が二つに分れた老猫のことで、人に化けたり、人を襲ったりするのだそうである。その他、ネコがお棺に近づくとなかの死人が踊りだすとか、鍋島や有馬の化け猫騒動だとか、ネコにまつわる怪談が大変多い。洋の東西を問わず、人類は共通してネコを面妖な魔獣と想像していたのである。

にもかかわらず、ネコを食べた勇敢な人々がいた。先ほどのネコの穀物霊のところで、フレイザーはこう書いている。「フランスのある地方では、打穀の時にまだこなしてない最後の穀物の下に猫をかくして置いて、連枷《からざお》でもってそれをたたき殺す。そして日曜日にそれを焙《や》いて、休日の御馳走として食べるのである」。

そういえば、西洋のあちこちで、カーニヴァル、五月祭、夏至祭などで中世以来しばしばネコ虐《いじ》めが行なわれていた。ネコを袋にいれて焚火のなかに投げこんだり、ロープに吊して火炙りにしたり、火をつけたネコが狂ったように走り回るのを追いかけたりする残酷な遊びである。こうした火祭りで血祭りにあげたネコをこっそり胃の腑におさめた人々もいたらしい。

最後につけ加えておくと、エジプトから黒アフリカへはサハラ砂漠に阻まれて、家猫が進出したのはずっと遅く、一四世紀末のことだった。ロンドンの初代市長になったホイッチングトン（一三六〇年生まれ）が若い頃、鼠害に困っていたアフリカ西海岸にネコを輸出して大儲けし、大富豪になった話が伝わっている。しかし野生猫は棲息していて、ガーナ南部の先住民は希に食べていたようである。またケニア南東部のモンバサには毛も尾もない裸のネコがいたらしい。一九六六年にカナダで現われた、毛もヒゲもない——ただし尾はあったが——突然変異種のスフィンクスも珍猫だが、これだと毛をむしらずにすむので料理しやすいかもしれない。

三　東洋の猫肉食

ネコの東漸

長い間エジプトの檻にとじこめられていたネコは、地中海を渡って北上しただけではなく、紅海を渡って東漸もしていた。古くからエジプトと交流のあったパレスチナでは前一七〇〇年頃のものとされる象牙の猫像が出土している。しかし、カナンの地では異教徒の崇拝する家猫は飼われていなかったから、たぶんこれはエジプト人が持ちこんだものだろう、と推定されている。

中近東地方を通って家猫がインドにまで進出したのは、前二〇〇年頃のことらしい。前四、五世紀の頃亡くなった釈迦の涅槃《ねはん》図には仏滅を悲しんで集まった一切の生類の姿が描かれているが、そのなかにネコが見当らないのは、そのせいだった。『マヌの法典』(前二世紀頃)には何箇所かネコがでてくるが、「貪欲で、美徳の旗を誇示し、偽善者にして世人を欺き、悪事をなすに余念がなく、すべての人の美徳を誹謗する、猫のように振舞う者は〔……〕その悪しき所行の結果として地獄に堕ちる」とあるから、よいイメージをもたなかったらしい。面白いのはネコをムーシカーダといったが、これはネズミ(ムーシカー)と食べる(アーダ)の合成語で、ネコを「鼠喰い」と呼んでいたらしい。またネコとイヌの食べ残しを口にした者は、ヒマワリの煎汁を飲んで清めねばならないとも書かれているので、よほど悪獣視され不浄視されていたのだろう。当然古代インドでも、腐肉まで食うといわれていたカースト外の人以外、キャット・イーターはいなかったはずである。

飼猫が中国にやってきたのはずっと遅く、紀元前後のことらしい。というのは干支《えと》はすでに古く殷の時代から日を数えるのに使われていたが、十二支の子《し》・丑《ちゅう》・寅《いん》などにネ・ウシ・トラという動物名をあてはめるようになったのは王充の『論衡』(九一年)からで、そこにネコの名が見えないのは、まだ伝来していなかった証拠だ、という説があるのだから。

そのせいだろうか、犬喰いセンターの一つである中国に、猫喰いの話がほとんど見られない。

わずかに唐の段成式の『酉陽雑俎《ゆうようざつそ》』に、李和子という無頼漢が他人のイヌやネコを盗んで食べたので、閻魔に召されたという説話が載っているぐらいである。しかし現在でも広東省には猫専門のレストランがあり、「竜虎闘」という勇ましい名前のヘビとネコの名物料理があるようだから、犬肉ほどではないにしても猫肉の愛好家もいるのだろう。

猫と狸の化かし合い

何しろ新型肺炎（ＳＡＲＳ）の感染源ではないかと疑われているジャコウネコ科の白鼻心《ハクビシン》まで、精力増強によいと食べているよろず喰い《オムニヴォラ》の民族である。このハクビシンは主に果物を食べているので一般に果子狸と呼ばれているが、古くは牛尾狸ともいってよく賞味してきた。たとえば蘇東坡に「牛尾狸を送って徐使君に与う」という詩があったし、同じ宋代の林洪の『山河清供』には牛尾狸のレシピが載っていた。まず皮と内臓をとって酒で洗い、ネギ、サンショウ、ウイキョウ、イノンドを腹に詰め、縫合して蒸す。蒸しあがったら腹のなかの香辛料をとりだし、一晩重しをしてから薄く切って食べる。また紙に包んで酒粕に一晩漬けておくのもよく、「雪の日の炉ばたで、詩を論じ酒を酌むには、もってこいの珍味」なのだそうである。

中日辞典などでは果子狸の別名に花面狸しか載っていないので、この牛尾狸がはたして果子狸のことなのか、読者のあなたは疑問をもたれるかもしれない。しかし、明の李時珍の『本草綱目』をみると、狸――これは狸の正字――には数種あり、「南方にいる白面で尾が牛に似たものを牛尾貍となす。また玉面貍という。もっぱら樹木にのぼって百果を食べ、冬によく肥る。人多く粕漬けを珍品とする」とあった。また『宋史』に「安陸州〔湖北省〕に野貍、花貍の二種があるが、豹のような斑文があり、麝香《じゃこう》の匂いがあるので香貍とし、霊貓である」とも記されていた。豸偏《むじなへん》の貓は猫の本字だから問題はないとして、判らないのは「貍」と「猫」の区別である。「貍」にはもともと「山猫」の意味もあり、宋代の黄庭堅の「猫を乞う詩」では、ネコのことを「貍《り》奴《ど》」といっている。『本草綱目』でも、「貓のように円頭で大尾のものを貓貍《びょうり》となす」とあり、さらに山猫を「貍貓」ともいうから、ややこしい。宋代の陳彭年《ちんほうねん》撰の音韻書『広韻』でも、狸の異名として「野貓」があがっていた。したがって唐代の孫思邈《そんしばく》の『千金方』に、正月に「虎、豹、狸の肉を食べると精神を傷つけ、命を損なう」とある狸肉は、ひょっとすると中世では猫肉のことかもしれない。タヌキもネコも人をよく化かすが、漢字も互いに化かしあっていたわけで、中国人が舌鼓をうっていた狸料理の何パーセントかは化け猫料理だったかもしれないのである。

ネコの来日

今ではもう絶滅してしまったけれど、大昔には本州にも狸猫、つまりヤマネコがいた。たとえば福井県三方郡の鳥浜遺跡や島根県美保関のサルガ鼻洞穴遺跡からは、縄文期のオオヤマネコの骨が出土している。現在辛うじて対馬と西表島に棲息しているだけだが、読者のあなたもご存知のように、これらの野生のヤマネコは人に馴れない。日本犬が日本狼の直系の子孫ではない――

交雑はあったが――のと同様に、日本猫はツシマヤマネコやイリオモテヤマネコと同系ではなく、途中で改良されながら何千年もかかって遠路はるばるやってきたエジプトネコの子孫である。

その家猫の祖先が来日した最初の文献上の記録は、薬師寺の僧景戒の『日本霊異記』（弘仁一三（八二二）年頃）で、こんな話だった。豊前国の膳臣《かしわでのおみ》広国が急死してあの世にゆき、三日後に生きかえった。その時、生前の悪行のため地獄の責苦をうけている亡父に会ったが、余りの空腹ゆえに、「正月一日に狸《ねこ》になってお前の家にはいり、お供えの肉や色んな物を腹一杯食べた」と打ち明けられた、という話である。文武帝の慶雲二（七〇五）年のこととされている。ここで「狸」が「ねこ」と古訓されていることに注目しておこう。いわゆる仏教公伝は六世紀のこととされ、その際仏典がネズミに食い荒らされないようにネコも一緒にやってきたという伝承があり、この頃から家猫が飼われだしていたのである。「山寺の和尚さん」の童歌《わらべうた》にあるように、寺僧とネコは浅からぬ関係にあったわけである。

その後ネコは奇獣として主に宮廷で飼われていた。『宇多天皇御記』の寛平元（八八九）年二月六日条にネコのことがでてくる。源朝臣《あそん》精が九州の任地から土産にもって帰った黒猫を光孝天皇に献上したが、父君から下賜され可愛がっていた話である。また藤原実資の『小右記』や清少納言の『枕草子』には、長保元（九九九）年、時の一条帝がことのほか猫好きで、飼猫が仔を産んだので従五位下を授け、馬《むま》の命婦《みようぶ》を乳母《めのと》につけた話が載っている。その他、『源氏物語』や『更級日記』、『狭衣物語』にもネコの話がでてくるが、外国渡来のネコは唐猫とよばれ、異国の珍獣として竹園で珍重されていた。

平安朝末から鎌倉初期になると、ネコの数が殖えて希少性が減ったためか、ネコは玉垣をくぐりぬけて貴族の屋敷にも進出していた。たとえば藤原頼長の『台記』康治元（一一四二）年条では、飼っていたネコが死んだので、衣に包み櫃にいれて丁重に葬っていたし、『明月記』承元元（一二〇七）年条には、愛猫がイヌに嚙み殺されたのを悲しんで、「悲慟の思い、人倫に異ならず」と定家は書きつけていた。古くからネコはペット化していたことが判るだろう。

狸汁か猫汁か

そのせいだけではないにしても、古代では猫肉食の記事が見あたらない。しかし先程の『日本霊異記』の広国の話では、「狸」に「ねこ」と訓釈してあったし、平安末期の『類聚名義抄《るいじゅみょうぎしょう》』でも「狸」の釈義に「野猫」があがっていた。とすると、ネコとタヌキが互いに化かし合っていた中国でと同様、日本でも両者がしばしば混同されていたことになる。今でも狸豆に猫豆という異称があるのは、この混乱の名残りだろう。ネコ科の動物とイヌ科の動物とがしだいに識別されるようになったのは、一五世紀中葉以降のことらしい。中村禎里の調査（『日本人の動物観』）によると、この頃までタヌキは、ネコはいうまでもなく猯《マミ》、貉《ムジナ》などの穴熊類——これは現在でも混用されている——のほか、イノシシ、イタチ、時にムササビやカワウソまで含む広い概念だったようである。もっとも一二世紀初頭に成立した『今昔物語集』には、前世でネズミだったのか、ひどくネコを恐れた藤原清廉が「猫恐《ねこおじ》の大夫」と呼ばれていた話があり、ここではっきりネコとタヌキが区別されていたが。しかし行誉の『壒嚢抄《あいのうしょう》』（一四四六年）ではタヌキはネコのことだと断定され、寺島良安の『和漢三才図会』（一七一二年）でも、「狸」の異名として「野猫」が、「猫」の別名として「家狸」があがっていた。幕末までこの混同がつづいていたことは、狩谷棭《えき》斎《さい》の『箋注倭名類聚抄《せんちゅうわみょうるいじゅしょう》』（一八二七年）の「猫」の項に「按ずるに狸、一名猫」とある文からも明らかだろう。ただしこれらの辞書は、中国古典の影響をうけていたせいでもあるが。

とすると、鎌倉時代からタヌキを食べていた話が沢山でてくるが、これはひょっとするとネコのことかもしれない。たとえば、あの『明月記』の安貞元（一二二七）年一二月一〇日条には、「経長左衛門佐《すけ》等狸を食す」とあり、建長六（一二五四）年に成立した橘成季の『古今著聞集』にも、タヌキを焼いて喰ったり、様々に調理して食べた好事家の話がでてくる。南朝の後村上院のように「四足をも憚らせ給わず聞召《きこしめ》し」（『海人藻芥』）、なかでも狸汁を好物にしていた天皇までいたのには驚かされる。

その他、応永年間（一三九四〜一四二八年）に成立したとされる『庭訓《ていきん》往来』では、五月状返に「狸の沢渡《さわたり》（脚の肉）」という進物がでてくるし、少し後の中原康富の日記『康富記』の嘉吉二（一四四二）年条では、タヌキとダイコン、ゴボウなどをいれた味噌汁が夕飯の膳に上っていた。一五、六世紀にかけて内膳司《ないぜんし》の御厨子所《みずしどころ》の別当をつとめた山科家の『礼記』には、食材として「鯨・狸・兎、羚羊」が記録され、奈良興福寺の『多聞院日記』天正九（一五八一）年条にも、

「小汁は狸汁、引き物〔肴か菓子〕は麩《ふ》」とあった。寺院でもタヌキを食べていたのである。『大草家料理書』――室町時代のものとされてきたが、江戸時代の料理用語が多く、後世の偽作か改作かもしれない――や『料理物語』によると、タヌキの料理法は田楽風の焼皮料理と汁仕立ての二通りがあり、どちらもニンニク、ユズなどをいれ、酒や酒粕を加えて焼いたり煎ったりしたものを、山椒味噌か味噌汁で食べるのがよい、とされていた。香辛料や酒、味噌を使うのは、いうまでもなく臭気を消すためである。したがってこれはネコではなく、タヌキのレシピだった可能性が高い。しかし、タヌキと記されたすべてがネコだったとはいわないまでも、中国でと同じく、一五世紀以前の狸汁の何パーセントかはじつは猫汁だったかもしれないのである。

日本のキャット・イーター

当然はっきり猫肉食が文献にでてくるのは、一六世紀以降のことだった。同じく『多聞院日記』の天正一一（一五八三）年条に「狛《いぬ》の子のら子くいおわる、中々〔に美味だった〕」とあり、この「のら子」は「野良猫」のネの脱落ではないかといわれている。野良犬の可能性もあるが、それなら重ねる必要はないだろう。お坊さんまでタヌキやネコに舌鼓をうっていたのか、と驚かされるかもしれない。しかしすでに天長一〇（八三三年）成立の『令義解《りょうのぎげ》』巻二の『僧尼令』に、「凡《おおよ》そ僧尼の酒を飲み、宍《しし》を食し、五辛を服せば三〇日苦使せよ」とあったように、平安朝でもひそかに肉食する僧尼がいたのである。なお五辛とは、ニラ、ネギ、ニンニク、ラッキョウ、アサツキ（またはハジカミ）を指し、これらのスパイスは淫欲をおこすと信じられていた。あのフランシスコ・ザヴィエルは一五五二年一月二九日付の南インドのコチン発の手紙で、「ボンズ〔坊主〕もボンザ〔尼さん〕も、公然と酒を飲み、隠れて魚を食べ、話すことに真実がなく、平気で姦淫する」と書いていたが、フロイスも『日欧文化比較』で、「坊主らは外面には肉も魚も食べないと公言する。しかしほとんどすべてのものが蔭で食べている」と非難していた。むろんこれは悪魔の宗教である仏教の僧侶を貶《おと》しめ、誹謗して信者を改宗させる下心が潜んでいて、そのぶん割り引いて読まねばならないが。

そのフロイスが、猫喰いについて貴重な証言をまたしても残してくれている。「ヨーロッパ人は牝鶏や鶉《うずら》、パイ、ブラモンジュなどを好む。日本人は野犬や鶴、大猿、猫、生の海藻などをよろこぶ」。ブラモンジュとは、一四世紀後半のフランス宮廷の料理長だったタイユヴァンが創案したブランマンジエのことで、アーモンドをすりつぶしたミルクのゼリー寄せのことだった。日本の洋菓子屋でも作っているところがあるから、口にされた方もおありだろう。

ツルやサルまで食べていたのかと、読者のあなたは仰天されるかもしれない。しかし、『大草家料理書』や戦国時代の『食物服用之巻』あるいは『料理物語』には鶴汁の作り方が明記され、『御湯殿上日記』天正一五（一五八七）年の条には鶴庖丁が清涼殿で行なわれたが、この式庖丁は豊太閤が始めさせたものと伝えられている。この慣例は江戸時代もつづき、鷹狩りでとれた初物を毎年将軍が禁裡に献上していた。ツルは鳥のなかで一番重んじられる《羽族の長》とされたのである。西洋でもじつは古代ローマから食べていた。『料理人アピキウス』にはツルのレシピがあったし、イギリスでは一三九九年に戴冠式をあげたヘンリー四世の賀宴にはワシと共にツルがメニューに載っていた。一五四九年にパリ市がカトリーヌ・ド・メディシスを招いて開いた大宴会では「三〇羽の孔雀、三三羽の雉、二一羽の白鳥、九羽の鶴……」と、とめどない食材リストがつづいていた。クジャク、ハクチョウと並んでツルは高貴な鳥とされ、王侯の食卓にしか上らなかったので、フロイスは知らなかったのだろう。

サルは縄文後期の遺跡から多数の骨が見つかっているし、天武の禁断令のなかにもはいっていた。この伝統は長くつづいて、近世初頭の『宜禁本草集要歌』にも冬に食べると中風やおこりによく効くとされていた。サルの黒焼は昭和一〇年代まで白山焼、四国焼など民間の漢方薬として売られていたが、『庭訓往来』には塩肴として「猿の木取《こと》り〔小口切り〕」が載っており、喜多村信節《のぶよ》の『嬉遊笑覧』(文化一三〔一八一六〕年)には、昔(一八世紀頃)江戸の四谷に獣肉を売る店があり、塩漬けのサルを売っていた、とある。日本史を裏の肉食史として見ると、じつに驚くほど沢山の動物をご先祖たちは食べていたのである。

ネコもその一つで、江戸時代になるともはや珍奇な動物ではなく、浮世絵に見られるようにごくポピュラーな家畜になっていたので、それだけ食べる機会も多かったのだろう。本邦最初の食物百科事典といってもよい人見必大の『本朝食鑑』に、「猫の肉の味は甘く膩《あぶらっこ》い。烹《に》れば脂が泛《うか》んで小団子と生《な》り、深青色、澄徹のさまは玉のようである。その味は尤も甘美で、能く痰を下し端を定《しず》める」と明記されていたからである。もっともその少し前の『食用簡便』（一六八七年）では、味噌汁仕立てで食べるが、「常ニ食シテ益ナシ、味モ悪シ」と書かれていた。どちらが正しいのか、まだ味わっていない筆者には判断がつきかねるが、ともかく生類憐みの令が何度も発布された元禄時代に、猫肉食がおこなわれていたのは確実だろう。

さらに『料理物語』では食肉の等級づけがされていて、獣類では、羚肉、羊肉、牛肉、獺《かわうそ》肉、鼠肉を上食、鹿肉、猿肉、兎肉、狗肉、狐肉を中食、猪肉、狸肉、狼肉、猫肉、熊肉を下食としていた。猪肉や熊肉は今でも食べているのに下食とされ、鼠肉が上食で、獺肉のほうが猪肉より美味だとは、食味の評価は時代によって異なるものである。

ペット愛好家にはまことに申しわけないけれども、さすが人類はよろず喰《オムニヴォラ》いだけあって、時代を問わず世界のあちこちでイヌやネコの肉に舌鼓をうっていたことは、読者のあなたも納得されただろう。だが、ドッグ・イーターの秘話にどきっとしてこめかみの血がどくどく逆流したり、キャット・イーターの奇話にきゃっと悲鳴をあげるのはまだ早い。章を改めて、ペットとセックスした絶句するような情話を紹介するとしよう。

Ⅲ章　ペットを愛した人々（ペット・ラヴァー）

　ペット・ラヴァーといえば、普通英語でペット愛好家を指している。しかしこの本では、原義にもどって、精神的だけではなく肉体的にもペットを愛した人々のことをこう呼んでおこう。元の意味にもどってといったのは、愛《ラヴ》という言葉は、フロイト派の精神分析学で「根源的な性欲動」を指す《リビド》とじつは同根であり、またペットからペッティングという言葉が派生しているゆえである。

　目のなかにいれても痛くない可愛いイヌやネコを食べるなど、気味の悪いぞっとする話がつづいたと思ったら、今度は身の毛のよだつ動物とのセックスの話だなんて、と読者のあなたはこの本を投げ捨てたくなったかもしれない。だが、ちょっと待って頂きたい。なぜそうした話題《トピック》に虫唾が走るようなおぞましい嫌悪感、全身に虫が這い回るような蟻走感を感じるのか、その謎を解くのが、本書の目的だったのだから。

一　獣姦の世界

獣姦は聖婚

動物との性愛など嫌らしいという感情を、人類は元来もっていなかったらしい。その証拠に世界の神話や伝説には、獣姦の話が一杯ころがっている。

たとえば中国南部には、有名な槃瓠《ばんこ》神話があった。『後漢書・南蛮伝』によると、昔、黄帝の曽孫、高辛氏《こうしんし》が帝であった頃、侵入してきた蛮族の犬戎《けんじゅう》に苦しめられ、敵の大将の首をとってきた者には娘をやろう、という布告をだした。すると帝の愛犬バンコがいつのまにか敵将の首級《しるし》をあげてきた。やむなく帝が姫を与えると、イヌは彼女を背にのせて南方の険しい山の奥深くに姿を消した。やがて二人の間に六男六女が産まれ、兄弟姉妹婚を行なって子孫が繁栄した。それがミャオ族やヤオ族の先祖だというのである。曲亭馬琴がこの話にヒントをえて、飼犬の八房と伏姫との異類婚譚から始まる、あの大作『南総里見八犬伝』を書いたことは、読者のあなたも御存知だろう。

その日本でも、有名な海幸彦、山幸彦の話があった。余りにもよく知られた神話なので簡単にすませておこう。失なった兄の釣針を探しに海へ潜った山幸彦が、海神の娘トヨタマヒメと契り、釣針を見つけて戻ってきた。妊娠したヒメが後を追ってきて、浜辺の粗末な産屋で子供を産むとき、なかを見るなと夫に命じた。その禁を犯して山幸彦が覗くと、大きなワニがのたうっていた。醜態を見られた姫は恨んで海宮《わたつみのみや》に帰っていったが、産まれた子供ウガヤフキアエズは、母の妹タマヨリヒメと結婚して神武を儲けた。この失われた釣針型神話の類話は、中国南部から東南アジアに広く分布しているが、驚いたことに正史である『古事記』や『日本書紀』に古代王権の獣姦説話が堂々と明記されていたのである。もっともこれには、国土と共に海をも制圧する正統な支配権が天皇にあることを象徴する聖婚《ヒエロガモス》の意味があったが。

ギリシア神話でも、獣姦の話は大変多い。たとえば、オリュンポスの最高神ゼウスは姉のヘラと結婚していたが、妻の目をかすめて浮気するために、しばしば動物に変身していた。ハクチョウになってスパルタ王妃レダと交合してヘレネを産ませ、ウズラに化身してティタネス族の娘レトと交媾してアポロンとアルテミスが産まれた。また牡牛になってフェニキアの娘エウロペを誘惑し、クレタ島に運んで交接し、ミノスができた。そのミノスがクレタ島の王になったが、海神ポセイドンから贈られた牡牛に恋い焦れた王妃パシファエがウシとまぐわって人身牛頭の怪物ミノタウロスを産んだ。おそらくそこには、牡牛の精液（雨）と地母神との結合による古い豊作儀礼が隠れていたのだろう。とするとこれも一種のヒエロガモスにほかならない。古代では獣姦はなんら穢らわしい行為ではなく、むしろ神聖な結婚だったのである。

ヒトと動物は同類

こうした神話や伝説が沢山作られたのも、もともと人類は動物との間に明確な断絶がなくて、自由に通婚できると信じられていたためだった。フランス南西部で一九一六年に発見された、後期旧石器時代の遺跡トロワ＝フレール洞窟には、「ビゾン頭の呪術師」と呼ばれる壁画が残されている。ビゾン（バイソン）の毛皮をかぶり、踊りながら笛をふいている男の絵で、そのペニスは明らかに勃起し、すぐ前の後をふりかえって呪術師を見ている野牛のお尻には牝の性器がくっきり描かれていた。これは一九世紀に北米のシャイアン族で、雌雄のバッファローに扮した女と男が番《つが》ったあと、男が呪《まじな》いの歌を唱えながら、矢をつがえて野牛の群に近づいていったのと変らない。普通これはカムフラージュのためと考えられているけれども、そうではなくて、仲間に会うには礼儀正しく正式の衣裳を身にまとわねばならない、と信じられていたせいだった。

また同じ後期旧石器時代フランスのマドレーヌ洞窟から発見された骨片には、ふぐりをつけた一対の陽物《ファロス》が左側ではワギナに突入し、右側ではクマの口へ伸びている彫刻があった。もっと明瞭なのは、ずっと後代のサハラ砂漠のティオウトの岩絵だろう。そこでは弓に矢をつがえてダチョウを狙う狩人のペニスは、弓と後ろの裸の女性のワギナと線でつながっていた（デュル『再生の女神セドナ』）。こうした視覚表現からすると、旧石器時代以来、性と猟とが同一視されていたことは明らかである。

その証拠に、《発見》された当時まだ旧石器段階の生活様式をとどめていたカラハリ砂漠のサン族（ブッシュマン）の神話では、原初の世界は今とさかしまで、人間が動物であり、動物が人間であって自由に交流していた、と語られていた。ドイツの人類学者ゲンターはその論文「ブッシュマンの思想・神話・芸術における動物」で、「ブッシュマンの芸術と神話は、人獣同形的で半人半獣のモチーフにみちあふれている。人間と野獣はたえず姿を交換し、お互いの形をひきうけているのだ。この二つの形態を分離する明確な概念的境界は明瞭にはみられない。多くの動物の表象は、構図のなかの位置や隠喩をとおして、人間と象徴的に連結している」といっている。

同じ狩猟採集民だったコンゴのムブティ・ピグミーでは、長く異性とセックスできないなら、同性愛や獣姦をしたほうが正常だ、と考えられていた。むろん野獣とは交接できないから、相手はペットか殺したばかりのまだ温い獲物だったのである。じじつ多くの狩猟民では、狩りとセックスが同一視されていた。コロンビア領アマゾンのデサナ族では「狩る」という動詞は「動物と相互に同衾する《ウイリムラ・ガメ・タラーリ》」を意味していた。ニューギニアのウメダ族では「タドヴ」という言葉で「動物を殺すこと」と「女と寝ること」を同時に表現していた。オーストラリア先住民の動物増殖儀礼であるボラ祭では、獲物が増えるように地面に描いたカンガルーの絵に槍を突きたてた。これはまた女性のワギナに男性のペニスを突きたてるのと同義だった。シベリアのエヴェンキやドルガン族でも、狩人はクマを倒すと、その獲物と性交のまねをする風習があった。

いや現代でも狩人を指すフランス語の「シャスール（chasseur）」、英語の「チェイサー（chaser）」には、「女たらし」という意味があるし、一九世紀イギリスの代表的詩人テニソンはその「プリンセス」という詩で、「男は狩人《ハンター》、女は獲物《ゲーム》」と謳っていた。和製英語のガール・ハントとかボーイ・ハントとかいうのも、旧石器時代の観念が集団無意識的に連綿とうけつがれていることを物語っている。何やら男性中心主義的な話になったが、太古から「男は狩猟、女は採集」という、性に基づく自然的分業が行なわれていたせいで、御容赦願いたい。

浄めの機能としての獣姦

獣姦が異常な性倒錯と考えられていなかったことは、古代インドのヴェーダ時代のウマの祭祀アシュヴァメーダでも明らかだろう。王が国家の繁栄と豊作を祈願するため、多数のウマを供犠した宗教的な王室儀礼だが、このとき白い種馬と王妃が交媾する習慣があった。同様な儀礼は西洋にもあって、一二世紀のカトリック司祭ギラルドゥス・カンブレンシスの『ヒベルニカ（アイルランド）地誌』によると、アルスターの蛮族王が即位式のときに白い牝馬と「全員の面前で獣のような交尾を行ない、自分もまた一頭の獣であることを打ち明ける」（シムーンズ、前掲書）。その後王は殺された馬肉のスープをスプーンを使わず口づけで飲んだ――これは動物への復帰を表象する――が、おそらくこの儀礼はケルトのウマの女神エポナとの合体を象徴し、王の支配権を確認する聖婚だったと思われる。

一八世紀のマダガスカルのメリナ王国でも、獣姦儀礼が残っていた。「牝牛と結婚する者」を意味していたアンタイムル族は、アラビア文字を知っていたので、占星術師として地方を巡回していたが、旅から戻った男は、花輪で飾られた若い牝牛と交わった後でなければ、その妻とのまぐわいが許されなかった。異人として異境をさまよってきたので、家の敷居をまたぐ前に家畜とつるんで、穢れを落さねばならなかったのである。聖なる動物との獣姦は穢れどころか、浄めの機能さえもっていたことが判るだろう。

とはいえ、未開社会でも獣姦に対する姿勢はまちまちで、ことに農耕民では変態視されるばあいがあった。たとえばメラネシアのトロブリアンド諸島では、獣姦は女にもてない奴の間にあわせの不潔な行為だとされ、牡犬と肛門性交をした男は、嘲笑や侮蔑の対象になっていた。西アフリカのモシ族は、非アニミズム的な自然観をもっていることで有名だが、牝驢馬と交合した男は、埋葬されず、死体を樹上にさらされて、ハゲワシのついばむに任された。人間と動物との同類観、一体観が自然の征服につれて希薄になり、その間に隔壁ができてくると、どうやら獣姦に対する見方が変ってくるようである。その背後には狩猟民と農耕民との生活様式の違いからくる自然観の変化があった。たとえば、コンゴのイトウリの森に住むムブティ・ピグミーは、生活に必要なすべてのものを与えてくれ、自分たちを生かし、守り、慈しんでくれる母なる森を崇拝し、自然環境と一体となって暮らしていた。フランスの人類学者ゴドリエは『人類学の地平と針路』で次のようにいっている。

ムブティ族にとって、森こそ《一切》である。それは、そのなかにみいだされる生物、無生物の総体であり、地域バンドや個人よりも上位にくらいするこの現実は、ある人格、ある神聖をおびたものとして存在し、人々はこの森に、同時に父、母、友、恋人をさえあらわすことばで話しかける。森こそ、バンツー族の村落から自分たちをわけへだて、守ってくれるものであり、獲物や蜜の賜物をおしげもなく与えてくれるもの、病気を追いはらい、罪人を罰してくれるものにほかならない。森は〈生命〉なのだ。死が人間や生物をおそうのは、森が眠っていたためであり、だから、食糧、健康、和合など、要するに所属バンドがいずれであれ、ムブティ族に幸福と社会的調和をおしみなくわけあたえてもらうには、森を目覚めさせておかねばならない。

そのためにムブティの人々は、じつに美しい多声楽的《ポリフォニック》な唄を歌って母なる森を目覚めさせようとする。また自然の恵みを大切にし、必要以上にみだりに動物を殺したり、植物を乱獲しようとはしない。

一方周辺のバンツー系農耕民にとって、森はまったく違ってイメージされていた。マニオックやトウモロコシ畑を作るために、斧で切り倒し、根っ子を掘りださねばならない樹木は、まったく厄介な邪魔物にすぎなかった。「しかも、一度開墾しても、土は急速にその地力を失ってしまうので、生産過程を再開できる他のテリトリーを探して、移動しなければならない。こうして、バンツー族は、またもや処女林と対決せざるをえないだけではなく、同じ圧迫をうけて、同じ欲求をもつにいたった他のバンツー集団とも対決しなければならない。バンツー農耕民は、森をよく知らず、気がふれたり死んだりするからと怖がって、森の奥にめったに足をふみいれようとはしない」と、ゴドリエはその『観念と物質』で、両者の自然観を対比していた。つまりバンツー族にとって、森は悪魔や悪霊が跳梁《ちょうりょう》する恐ろしい世界と知覚されていた。農耕に移行するとともに、自然は開拓、破壊し、征服しなければならぬ敵対物となり、そのなかに棲む動物もまた人間とは異質の、敵意ある恐ろしい魔物視されるようになったのである。「文化《カルチャー》(culture)」とは、もともとラテン語の「開墾《コレーレ》する(colere)」からきたことを思いだそう。

変りゆく動物観

古代ギリシアの壺絵には、びっくりした若い牝鹿に挿入する男の姿が描かれたものがあるが、こういう野獣との交合図の多くはサテュロスを風刺したらしい。古代ローマへくると、アプレイウスの『黄金のロバ』では、魔法でロバになった主人公ルキウスが一夜貴婦人と交歓する話があるものの、現実には獣姦は刑罰に用いられるようになっていた。というのも共和制ローマでは、不義を働いた姦婦をロバにのせて町中を引きまわしたあと、衆人環視のなかでそのロバに犯させる刑があった。見物の群集はロバの鳴声をまねてけしかけ、しばしば巨根のせいで会陰破裂で死ぬ女性がいたらしい。姦通を犯した女は人間から動物の地位にまでおとしめられ、見せしめの生贄にされたのである。

刑罰ではなかったが、日本でも似たような強制獣姦があった。歴史上最高の悪虐非道の天皇だった武烈は、『日本書紀』によると、女をまっ裸にしてウマと遊牝《つるび》させ、女の不浄《ほとどころ》が濡れていると殺し、乾いていると官婢にした。その他、妊婦の腹をさいて胎児をひきずりだしたり、池の樋《ひ》に人をつっこんで流れでてくるのを矛で突いたりして、楽しんだという。なんともひどい天皇がいたものである。

中国では『前漢書』によると、景帝の一族で公子建という者がいた。姉妹と相姦したり、少年少女を宮廷内の池で溺死させるなど、武烈に劣らぬサディストだったが、宮人（後宮の官女）を裸にして羝羊《ていよう》（牡羊）や狗と交わらせて子供を作らせようとした（フーリック『古代中国の性生活』）。さらに劉達臨はその『中国性愛文化』で、いくつかの旧事を探しだしてくれている。「斉王の劉終古は気に入りの下僕に妾婢を犯させたり、白昼に裸で寝かせ、犬や馬と交接させ、見て楽しんだ。漢広川王の裸の宮人は羝羊と交わり、後漢の霊帝は西園で犬に人を配してもてあそんだ」等々。煩をさけて典拠を一々示さなかったが、さすがインドと並んで性愛を宇宙論的な哲学にまで高めた中国のことだけあって、ひどいことをする王がいたものである。

こうした暴虐な悪王たちの乱行は、誰もがもっている攻撃的性格を権力を笠にきて極端にまで拡大して見せたものだが、獣と交わる男女の汚穢にまみれた狂態にサディスティックな支配欲を満足させていたところからすると、動物はもはや神々の化身ではなく、人間よりはるかに下位の、たんなる畜生にまで下落していたことになる。動物観がすっかり変ってきたわけである。

さらに時代が下ると、獣姦は、いやらしいもの見たさの好奇心をくすぐる娯楽話にすぎなくなる。有名な『聊斎志異《りようさいしい》』(一六七九年)には、こんな犬姦の話が載っていた。山東省の商人某は、他郷へ商売にゆくと、一年たっても帰らないのが常だった。孤閨の慰めに妻はいつしか家で飼う白犬とわりない仲になってしまった。「ある日、夫がもどって来て、妻とともに臥《ふせ》ったところ、犬が跳びこみざま、寝台にあがって商人に嚙みつき、あげくに殺してしまった」。告訴があって女も犬も捕えられ、共に寸磔《すんたく》(一寸刻みの刑)に処されたことになっている。これは伝奇小説だが、しかし劉氏は似たような話が隋唐代にもあるといっているので、必ずしも作り話とはいえない。『梵天盧叢録《ろそう》』では、これも蔣山のとある商人の美しい若妻がやはり愛犬と交媾し、情夫《まぶ》となったイヌが亭主の一物に嚙みついて殺してしまい、両者ともに死刑になったという、何ともエロティックな春話になっていた。「男とより犬とのほうが百倍以上も気持がいい」のだそうである。

類話はじつはパプア・ニューギニアの民話にもあった。大昔、イヌのほうが人間の男よりセックス・アピールがあったのか、女性はイヌとばかり結婚していた。困った男たちは女たちのところに忍びこんで、巧みに口説き、何とかながいできた。男のほうがイヌより何倍もよかったので、以後女性は策略にかけてイヌを火のなかに投げこみ、皆殺しにしてしまった。たまたま一匹だけ生き残った仔犬には、これから牝犬と結婚するのだよとよくいいきかせ、以来イヌはイヌ同士、ヒトはヒト同士で結婚する習慣になった、という笑話である。イヌと男との性感度が逆になっているが、ここには犬姦に何の後めたく疚しい罪悪感がみじんも含まれていない。まるでヒト族とイヌ族という同等の部族があって、あっけらかんと自由に通婚しているかのようである。中国の故事は、それだけ人間と動物との間に大きな懸隔ができて、獣姦が背徳視されるようになったことを物語っている。

清代になると、なぜか今度は豚姦の話が多い。紀昀《きいん》の『閲微草堂筆記』によると、寧夏に若くて秀麗で、きわめて裕福な商人がいた。ちょっと変った性癖があって、妓院で遊んだりせず、もっぱら飼っていた数十頭の牝豚と番《つが》って楽しんでいた。その風評が広まって、人々に指弾され、恥しさのあまり井戸に身を投げて自殺してしまった（劉、前掲書）。清朝末にはいくつかの画報がでていたが、そのなかにやはり豚姦の記事があったことを、武田雅哉はその論文「激動の近代中国」で紹介している。それによると、これも寧夏の布屋が牝豚を相手にイイコトをして楽しんでいた「ブタの奥さん」の話や、牝豚が産んだ仔のなかに「首は人間で頭髪がなく、体はブタで毛がない」のがいた。人々は四〇歳になっても嫁さんの貰えない某のガキだとからかったので、某は恥じて行方をくらましたという、「ヒトブタの怪異」の話などがあった。こうなると、獣姦はもはやあの神話や伝説に見られたような聖婚どころか、一種の変質者の淫行とされ、奇怪な性の深淵を覗き見せて好奇心を満足させ、多くの人々に自分たちの正常性を確認して安心させる、たんなる気晴し話に堕しているといえよう。

西洋の獣姦裁判

古代ローマでは獣姦が刑罰として用いられていたが、キリスト教が国教となり、人々の生活の隅々までを規制するようになると、獣姦自体が神の定めた秩序紊乱だとして処罰の対象になってきた。「レビ記」で、「あなたは獣と交わり、これによって身を汚してはならない。また女も獣の前に立って、これと交わってはならない」と明記されていたからである。以後この禁制は金科玉条とされ、一三世紀の大教父トマス・アクィナスもその『神学大全』で、獣姦を同性愛や人肉嗜食と並んで「自然に反する最大の悪徳」の一つにいれていた。

ところが、ローマ皇帝テオドシウス二世の制定した法典（四三八年）や、シャルルマーニュ大帝の《章令》（フランク法）にも獣姦は火刑と規定されていたのに、中世の古文書には裁判記録が見あたらない。あまりにも忌わしくおぞましい一件書類を残しておくと文書庫が穢れるので、焚刑《ふんけい》の度ごとに一緒に燃やしてしまったらしい。したがって訴訟記録が何とか残っているのは中世末から近世になってのことだった。ただし筆者はこの件について英仏の図書館で調査したことがないので、主に池上俊一の『動物裁判』の資料を利用させて貰うことにする。

それによると、フランスで一四五一年から一七五〇年までの三〇〇年間に、獣姦で火焙りにされた記録は一五件だった。二〇年に一件の割合で、意外に少ないと思われるかもしれないが、これは一部の代表例の紹介にすぎないせいである。氷山の一角にすぎないことは、一六、七世紀に首都だけで五〇件内外の獣姦裁判があった――これだと四年に一件となる――というパリ高等法院の別の文献でも明らかだろう。それはともかく、一五件の内訳を動物種で見ると上の表のようになる。裁判件数より動物数が二倍も多いのは、多種多数の動物とつるんでいても、一緒に火刑になった頭数しか記録に残らないからである。牝牛がとびぬけて多いのは、多く農村で事件が発生したためで、また一人の男と共に複数の牝牛が処刑され、数字の重複があったせいでもある。牝驢馬が案外多いが、英語のロバ（ass）は卑語で女性性器を指していたから、それと何か関係があるかもしれない。つづいてイヌがくるが、当然のことながら牝犬の相手は男、牡犬の相手は女だった。後者の一件は、パリ東方のブリ地方の庭師の娘で、修道院長の小間使いだった若いクロディーヌ・ド・キュランが一六〇一年におこした騒動である。彼女にすげなくされた男の一人が、主人の客間で赤いぶち入りの大きな白犬と楽しんでいるクロディーヌを見たと告発、証言したので、パリ高等法院の審理にかかり、愛犬ともども絞首刑になり、その死骸も一緒に仲よく灰になった。したがって濡れ衣だった可能性がある。が、この高等法院の記録を発掘したフランスの歴史家ソレは『性愛の社会史』で、当時こうした性行動はありふれたことだとして次のように書いている。

牝牛	牝驢馬	牝犬	牡犬	牝豚	牝山羊	牝騾馬	計
17	5	3	2	2	1	1	31

それはルネサンス時代のヨーロッパの農村に本当にあったのであり、作男、羊飼、兵士が、家畜小屋、野原、厩舎で、雌の山羊、豚、牛などによって父祖この

かたの情欲をみたしたのである。鶏小屋の住民も含まれることがあった。こういう型の日常茶飯事であった性愛をこととした男たちは、しばしば雌ロバ、雌羊、雌犬などといっしょに異端審問の火刑台で死んだ。

この頃農民は家畜と一緒に寝起きしていたから、もてない男女が手近な家畜に慰めを見いだしたとしても不思議はなかった。

イギリスでは、トマスの『人間と自然界』によると、エリザベス女王治世下の四五年間にケントで一〇件、エセックスで八件、サセックスで五件、ハートフォードシャーで四件、サリで三件、計三〇件の獣姦事件が巡回裁判所の記録に残っている。これだと一年半に一件となるけれども、人口比率や婚姻率などを考慮にいれなければならないし、何よりも元になる数字が不正確なので、フランス人よりイギリス人が助平で動物への愛が強かった証拠にはならない。スチュアート朝になると、獣姦は人間を動物にかえる最悪の性犯罪とされ、一六七九年に一人の女性とその愛犬がロンドンのタイバーン処刑場で公開絞首刑になった公式記録が残っている程度である。とはいえ当時は大航海時代の最盛期で、まだ冷凍庫がなかったから長い航海の食料として、帆船には生きたヒツジやブタ、ニワトリなどが積みこまれていた。女気のない船上で荒くれ水夫たちが、こうした動物をダッチ・ワイフの代用にしていたことは、国籍を問わず秘められた常識だった。極限状況での獣姦というところだが、その後でコックが調理した愛獣の肉を嬉々として頬ばっていたことはいうまでもない。

東西の動物観の差異

ところで、日本人の感覚からすると、動物と交合した人が処刑されるのは、乱暴だが仕方がないとしても、相手の獣まで裁判にかけられ、焚刑になるのにはやはり異和感を覚えるだろう。動物には理性も分別もなく、自分の行為に対する責任能力をもたないはずだからである。ところが西洋では、告発があると被疑者として人間と動物が逮捕され、牢にぶちこまれ、法廷が開かれた。検察官の論告求刑、証人尋問、弁護士の反対弁論といった型通りの手続きをへて、裁判官が判決を下していた。獣姦罪だけではなく、人を殺したイヌやブタ、あるいは災害を発生させたネズミやバッタまで法廷に呼びだされ、審理をうけたのである。といって鳥獣や昆虫が召喚に応じるはずもなく、出廷しても訊問に答えられなかったから、たいていは代理人が被告席に坐ったが。

それにしても初めから火刑ときまっているのに、なぜわざわざこんな手間暇かかることをしたのだろうか。そこに西洋文化の特異性があった。と書けば、中国でも先の犬姦譚のように女とイヌとが両成敗になったではないか、と読者のあなたは反論されるかもしれない。しかし劉氏によると、適用されたのは「相姦同謀斃《へい》夫《ふ》律」、つまり間男と一緒になって妻が夫を謀殺した場合の法律だった。いいかえると、「犬の不義者の処刑にいたっては、この世に所詮その刑がない」(『聊斎志異』)ので、妻と共謀してその夫を殺した人間の密夫と同じ罰則が、イヌにも準用されたのである。中国ではイヌをいわば人間扱いにしていたが、西洋では違った。キリスト教では、支配者である人間と被支配物である獣との間に乗り超えてはならない断絶、障壁を設けていたから、この神が定めたカテゴリーを混乱させる獣姦では動物までも厳罰に処さなければならなかった。動物をわざわざ法廷にまでひきずりだして裁いたのは、人間とまぐわうなど以てのほかであり、あくまでも動物を神の秩序に従わせ、劣等な存在にすぎない獣に対して人間が絶対的な専制君主であることを誇示するためだった。動物＝自然を敵視し、征服し、支配しようとする意志の現われだったといってもよい。自然に対する見方、考え方が、未開や東洋と根本的に違っていたのである。

二　民話の異類婚譚

この点を明らかにするには、民話の異類婚譚に及《し》くものはないだろう。むろん民話や昔話はいつ誰が作ったか判らない虚構だけれども、そうであるだけにその民族の本質を無意識のうちに凝集して表出している。性を介して人間と動物とがどんなふうに関係できるかに、その文化の自然観、動物観が一番よく表象されるのである。そこで未開・日本・西洋の民話から、動物と結婚した女性の話を一つずつとりあげ、対比してみよう。この問題については、すでに引用した中村禎里の本や小沢俊夫『世界の民話』などのすぐれた研究があるので、詳しくはそちらをご覧頂きたい。

カニと結婚した女（イヌイット）

とある漁師にとても美しい娘がいた。若者たちがこぞって求婚にやってきたが、娘はすべて断わっていた。ところがある晩娘の寝ている毛皮の帳のかげから奇妙な笑い声が聞えてくる。いつの間にか大きなカニと結婚していたのである。しかしカニは恥しがって両親の前に姿をみせようとしなかった。やがて冬になり獲物がとれなくなると、父親は「娘が立派な若者と結婚していてくれたら、食べ物に困らなかったのに」と思わず愚痴をこぼした。するとある吹雪の夜、三頭の大きなアザラシが家の中にどさりと投げこまれた。カニが猟にでかけ、獲物をとってきたのである。やがて娘がみごもり、双子の男の子ができた。大きくなって跳ね回るようになっても相変らず婿は舅姑《きゅうこ》の前に姿を現さない。姑は好奇心にかられ、「婿を一度も見ることができないなんて、ほんとにいやなこった」と言って、毛皮の帳の穴から娘の寝床をのぞきこんだ。するとその婿は、「大きな大きな眼が頭からダラリと垂れ下がった、しわだらけの小男だった。姑はそれを見てびっくりぎょうてんし、あお向けにぶったおれて死んでしまった」。姑が死んだのはカニのせいだったが、「それからのちは、若い妻と寝ているカニを毛皮の穴からのぞき見しようなどという料簡をおこすものはひとりもなかった。そしてカニは妻子ともども、幸せに暮らし、家じゅうのもののためにたくさんの獲物をとっ

た」。（大意）

この話では、カニがそのままの姿でいつのまにか人間の娘と結婚して子供を儲け、人間と同じように談笑し、一家で楽しく暮している。両親も娘が異類といわば野合しているのに、別に怒りもせず、しごく当たり前のこととうけとっている。たまには、一度は婿に会いたいものだと姑が好奇心をおこしたばかりに、カニは改まって人間の姿に化けねばならなかった。その化け方があまりうまくなかったばかりに、姑はびっくり仰天、おっ死《ち》んでしまうわけだが、もし婿がカニの姿のままだったら、姑は死にはしなかったことだろう。婿が下手に化けた人間であるより、動物のままのほうがよかったのである。

サルと結婚した女（日本）

日本では、木下順二の名作『夕鶴』でよく知られているように、助けてもらったお礼に動物が人間の女性に化けて男と結婚する、いわゆる報恩譚型の動物女房の話がたくさんあるが、ここでは人間の娘がそのままの姿の動物と結婚する猿婿入り（里帰り型）の話を比較の便からとりあげておこう。

日照りが続いて田圃が干上がり、困った年寄りの農夫が、田に水を入れてくれたら誰でも娘をやろうと零《こぼ》すと、サルが出てきてアッという間に水を満たしてくれた。結婚の日取りを決めて家に帰った爺さんが三人の娘に話すと、長女と次女は「厭らしい、そんなの」とけんもほろろのありさま。心優しい末娘だけが承知し、約束の日にやってきたサルと連れだって山奥の家にゆき、仲睦まじく暮らした。翌春、里帰りの日がきたので夫婦は土産に餅をつき、サルが重箱に詰めようとすると、「爺さんは重箱くさいのが嫌いだから」と妻がいって、夫に臼《うす》を担がせて山を下りた。途中、綺麗に花咲く桜の木があったので、あの枝も土産にしようと妻が頼む。サルが臼を置こうとすると、「爺さんは土くさいのが嫌いだ」と妻がいうので、仕方なく臼を背負ったまま得意顔で木に登った。下の嫁に向かって「この枝か」と訊くと、「もっと上」という。「この枝か」、「もっと先」と段々に登っていったので、とうとう細くなった枝が折れ、サルは臼ごと川におちて溺れてしまった。無事家に戻った娘をみて、父母は「でかした、ええことをしてくれた」と大喜びした。（大意）

この系統にはその他ヘビ、タニシ、カッパなどとの婚姻譚があるが、その背景には動物に変身した自然霊や異人を丁重に迎え、一夜妻を供して異界に恭々《うやうや》しく送り返す古俗があったものと推定される。それはともかく、ここで興味深いのはイヌイットと同様、前半部ではサルと女がそのままの姿で結婚して倖せに暮らし、後半部で優しい末娘がサルの夫を殺してしまうことだろう。つまり動物に対する親密感と嫌悪感、親和性と忌避性、融合性と分離性が混在していたのである。

一方で動物は皆キョウダイという未開人との共通性が語られていたとすれば、他方で動物と人間との異質性が二人の娘の「いやらしい」という拒絶や、結末の父母が「でかした、ええことをしてくれた」という讃辞に現われていた。イヌイットでは異類婚はハッピー・エンドで終わるが、日本では多くの場合悲劇で終わらざるをえないところにその矛盾が露呈していたのである。この民話を聞くと、西洋人は「優しそうな娘が初めから腹黒い計画をもっている。だから日本人は不気味で油断がならない」と感じるそうだが、そうではない。自然＝動物に対するどっちつかずで曖昧な態度が、サルの夫を愛しながら無邪気に殺してしまう矛盾した妻の行動に集中して発現していたのである

ガマと結婚した女（フランス）

未開の民話が自然との大らかな一体性を示しているとすれば、日本の民話は自然との半ば融合、半ば離反の中間状態を示していた。これに対して西洋の民話はどうだったろうか。フランスの「バラ」を比較のために取りあげてみよう。

町へ買物にでかける商人に、三人の娘がそれぞれお土産をねだり、末娘は「綺麗なバラ」を買ってきてと頼む。帰り道、父親は深い森の中で道に迷ってしまい、大きな城をみつけたので一夜を過ごそうと入っていった。城内には人影がなく、大広間に御馳走が用意されてい

た。どこからともなく「どうぞ遠慮なく召し上がって下さい」という声がする。たっぷり食べた商人は満腹して、見たこともない豪華なベッドでぐっすり眠った。翌朝庭にでてみると一本の見事な赤いバラが咲いている。末娘の願いを思いだして手折ったところ、どこからともなく「それが私のもてなしへのお礼なのか」と恐ろしい声がする。父親が訳を話すと、「帰宅した時、最初にとびついてきたものをくれると約束すれば許してやろう」と再び声が響いた。ところが家に帰ると最初にとびついてきたのは、予想に反してイヌではなく可愛い末娘だった。悲しむ父親から話を聞いた娘は、慰めようと「いいわ、私が行ってあげる。きっとそれはとても不幸な人よ。私が助けてあげられるかも知れないわ」といって父親の泪を拭いてやった。翌日娘が城へゆくと、どこもかしこも美しく飾りつけがしてあり、いたるところに「すべては美しい子のために」と書いてある。八日間一人で御馳走を食べ豪奢な寝台で眠るという生活が続いたが、九日目になって夕食を済ませた時、ドアが開いて醜いガマガエルが入ってきた。結婚を申し込まれた娘はびっくり仰天、虫唾が走ってきっぱり断わった。それからまた八日間一人で暮らしたが、ガマガエルはもう姿をみせず、九日目から食事もでなくなった。庭を探しにゆくと沼の中から悲しげに泣く声がする。振られたガマガエルが身の不幸を嘆いていたのである。可哀想に思った娘が優しい心根から「それであなたを幸福にしてあげられるんだったら、結婚するわ」といった途端、大地が大きく震えて美しい若者が目の前に現われた。「ぼくは王子で、魔女に魔法をかけられていた。君のお蔭で救われたの

だ」と喜んで、二人はめでたく結ばれた。（大意）

有名な《美女と野獣》型のペローのこの昔話で注目されるのは、ガマガエルが魔女の魔法にかけられて変身した城の王子だったこと、動物と人間とはそのままの姿では絶対に婚姻関係を結べず、娘のキリスト教的な愛の救済によって魔法がとけ、人間の姿に戻って初めて結婚できたことだろう。日本でも美しい娘を嫁に貰った男が、その素性を知って追いだした蛙女房型説話があるように、こうした両生類への嫌悪感は日欧共通だが、しかし日本ではカエルから美女への変身はごく当り前の自然なことのように行なわれ、人間と動物との間に絶対的な断絶がなく、ある程度自由に通行できていた。ところが西洋ではその間に自力では絶対超えられない垣根があり、隔壁をのり超えるためには神か悪魔かの助力がどうしても必要だったのである。

中村禎里は前掲書で『グリム童話集』と『日本昔話記録』とを綿密に調査して、この点を数量的に明らかにしてくれている。それによると、人間から動物への変身例は前者では六七話、後者では四二話あったが、動物から人間への変身例は『グリム』では六話なのに対し、『日本昔話』では九二例もあつた。下位概念である動物が上位概念である人間になる例は西洋では極端に少なく、原則として禁止されていたのである。中野美代子によると、中国でも「異類から人への変身譚が、人から異類への変身譚をはるかに圧倒している」（『中国の妖怪』）そうだから、これはどうやらヨーロッパ特有の現象らしい。しかも人間から動物への化身の場合、西洋では六七例中四

○例（六〇パーセント）までが悪魔や魔女といったなんらかの媒介者を必要としていたのに、日本ではわずか八例（一九パーセント）にすぎず、魔法の助けを借りないでも八一パーセントまでがおのずと自在に化身できていた。また西洋では人間が魔法によって動物に姿を変えられても心はあくまで人間だったが、日本では人間が動物に姿を変えると、心まで動物に化してしまったり、逆に人間に化けた動物が心身ともに完全に人間化してしまう例が多かった。一方では形態変化は実体変化を伴なわなかったが、他方では形態と実体とが相即して変化していた。西洋の方が実体的な人間観、個人＝自我観がそれだけ強固だったといえるだろう。

　こうして見てくると、未開では人間と動物との一体感が強く、同じ親族《うから》、族《やから》として同胞《はらから》視されていたが、西洋では断絶感が強く、跳びこえられない深淵がその間に介在していた。日本は丁度その中間で、深淵の上には細い丸木橋がやっと架かっているだけだった。このことが——次章で述べるように——近代西洋ではペットだけが食禁だが、昔の日本ではもっと広く家畜にまで、そして現代の未開社会ではさらに広汎に多数の動物やその部位にまで食タブーが及んでいたことと関係してくるのである。

三　食と愛

ペット・イーターからペット・ラヴァーにまで話を進めてきたが、じつは食べることと愛することを同じ言葉で表わしたり、性器を食物で換喩することは、世界のいたるところで見られる人類共通の発想だった。食べるとは食べたものを消化、吸収し、自分の血肉に同化することにほかならない。一九世紀ドイツの哲学者フォイエルバッハがいったように、「人間はその食べるところのもの」だった。だから、北アメリカのチェロキー族はシカを食べると足が速くなると信じて好んで食べていたし、北欧やアフリカでは小心者でもオオカミやライオンを食べると、大胆不敵な勇者になると考え、逆にマダガスカルの戦士は、敵に出会うと丸くなるハリネズミを食すると憶病になるといって嫌っていた。同様に性愛は相手をわがものにし、自他一如となって宇宙と合一しようとする見果てぬ夢を秘めている。そこでオルガズムの絶頂では、相手に嚙みつき、食べてしまいたい、食べられてしまいたいと身悶えすることが起ってくるのである。

コンソメの話

先に多くの狩猟民のところで、狩猟と性愛とが同じ言葉で表現されている例をいくつかあげたが、狩りの目的はむろん食料にするためだった。そこで、食べることとセックスすることが同一視されている例をいくつか見ておこう。

アマゾンのグワヤキ族では「ティクウ」という一語で「食べる」と「性交する」を同時に表わし、ヤノマモ族でも同音両義語、ブラジルのタピラベ族では「共食《アムチノ》する」という単語が「輪姦」を意味していた。オーストラリアのココ・ヤオ族では「クタクタ」という言葉でインセスト（近親相姦）と食人の両方が表意され、ポナペ島ではトーテム動物を食べることとインセストが同じ言葉であり、中央カロリン諸島では「性器をなめる」という意味と「噛む、食べる」という意味が同語だった。アフリカのヨルバ族では「食べる」と「娶る」とはどちらも「わがものにする」という広い意味をもつ一つの動詞で表現されていたし、マショナとマタベレ族ではトーテムという語は同時に「姉妹の陰門」を指していた。どちらもタブーの対象である。類例は民族誌を探せばまだまだ集められるだろう。

　いや、未開社会だけではなかった。文明社会でも性器を食物で換喩する隠語が沢山あることは、読者のあなたもご存知だろう。たとえば日本でも女性性器について、アカガイ（古くはキサガイとも）、アワビ、ツビ（タニシ等の巻貝）、ハマグリ、モモ、マンジュウ、マメ（陰核《クリトリス》のことを古代ギリシアでは空豆《クアモス》といった）など。螺《つび》は女陰の古語、開《つび》と同根らしい。男性性器については、マツタケ、ダイコン、ゴボウ、ナガイモ、ソーセージ（これは西洋で一般的）、バナナ（熱帯地方と共通）など。カメという俗称もあるが、これはフランス語のドングリからきた亀頭《グラン》と共通の発想で、昔は共によく食べていた。

　英語では古い法律用語で「狩りの獲物」のことを「ヴェネリー」といったが、これはまた「性交、好色」の意味もあった。なかでも面白いのはフランス語の動詞「コンソメ（consommer）」だろう。これはふつう「食べる、飲む」を表意するが、「床入りで性交を完遂する」という別義もあった。その過去分詞が名詞化したのが「コンソメ（consommé）」だから、パリの場末のレストランでスープにポタージュではなくコンソメを注文すると、ギャルソンがにやりと笑うのはそのせいかもしれない。むろんこれは冗談だが。

しかし二〇世紀フランスの作家で哲学者のサルトルは、その大著『存在と無』で大真面目でこう書いていた。「食物は口をふさいでくれるだろうところの《詰めもの》である。食べるとは、わけても、自分の口をふさぐことである。その点から出発してのみ、われわれは性欲の問題へ移行していくことができる。女の性器の猥褻《わいせつ》さは、すべて口のあいたものの猥褻さである。いうまでもなく、女の性器は口である。しかもペニスをむさぼり食う貪欲な口である」。彼の《実存主義的精神分析》によると、「あらぬところのものであり、あるところのものであらぬ」対自存在(人間)は、つねに存在欠如としての無を内に抱えこみ、存在論的不安に脅かされているので、「あるところのものであり、あらぬところのものであらぬ」即自存在(物)の確固とした不動の自足的な充実性によって内なる無を充塡し、不安を解消しようとする存在論的欲求につき動かされている。平たくいえば、子供が壁の穴や亀裂を埋めたがるのも、指しゃぶりするのも、口に一杯食物を頰ばるのも、パパとママが割れ目を棒で塞ぎたがるのと同様、存在欠如としての無の恐怖からであり、穴を詰めて束の間の安心をえようとしているのだ、というわけである。この見地からすると、愛の営みとはその都度、女が男を食べていることになるが、難しい論議はともかく、食と性とがここでも同一視されていることは一目瞭然だろう。

有歯膣《ワギナ・デンタータ》の女神

前に紹介した動物学者モリスはその『マン・ウォッチング』で面白いことをいっている。チンパンジーやゲラダヒヒの若雌は発情期になると、みごとにピンクに輝く膨れあがった性器を牡の目の前にこれみよがしにつきだして挑発する。ところが人間の女性は二足歩行で立ちあがったせいで、秘所が隠れ、あまつさえ衣服で覆ってしまった。そこで女性は、唇を口紅で赤く塗って、性器の擬態にすることを思いついた。その証拠に「性的に興奮すると、唇は陰唇のように赤くふくれあがり、また陰唇のように中心の穴を囲んでいる」というわけである。つまり口唇《ラブラ》は陰唇《ラビア》の模倣代理器官だった。毎朝鏡の前で入念に化粧なさる世のご婦人方は棒口紅《リップ・スティック》がまさかファロスの代用品だとはご存知ないだろう。

上の口と下の口とが同一視されている一番よい証拠は、人類にひろくゆきわたっている歯のある膣のイメージだろう。世界各地からいくつかの事例をあげておこう。ギリシア神話の女神アテナは陰門に歯のある男女《おとこおんな》とされ、口をあけたメドウサの首を胸につけていたが、明らかにこれは有歯膣を象徴していた。その他、ラミア、ゴルゴン、セイレン、キルケなどの女性の怪物、あるいは『聖書』から抹殺されてしまった、アダムの最初の妻リリトなどは皆、男を食い殺し去勢する、歯のある陰門をもった魔女たちだった。フランスの民話に、娘が求婚者に長い針を一杯うちつけた大樽をくぐらせる試練型の伝承が残っているが、これなどもその残映だろう。

陰歯をもつ女性の伝説は、しかし何もヨーロッパ圏だけとは限らない。北米先住民のスー族では、ラミア伝説と同じように、美しいチャーミングな娘が若い戦士と雲のなかで契った。雲が晴れてみると、女の足元にはヘビに齧られて白骨と化した男が横たわっていた、という伝承がある。ビーヴァー族では、「股の間で締め殺す」と異名のある原女が、男たちを巨大なワギナにおびきよせては押し潰していた。中米のカリブ族では、大昔雌のカメから生まれたマワリとワシは巨大なペニスをもっていた。女性とセックスする度に切りとられて、ちょうどほどよい大きさになった、という珍説がある。南米のヤノマモ族では、地上に最初に生まれた原女が夫と交わってその歯のついた膣でペニスを嚙みきってしまった。それを粉にしてバナナスープと一緒に飲んだのが、シャーマンの始まりだという伝承があった。アマゾンのムンドゥルク族でも、ワギナを「ワニの口」と呼んで畏怖していた。アフリカ南部のツワナ族では、歯こそなかったが、陰門はいつの間にか傷つける刃先の鈍いナイフと呼ばれていたし、ナイジェリアのヨルバ族では、雨期直前の農耕祭で太母イヤンラの歌を合唱するが、「そのワギナはあらゆる恐れをかきたてる、母よ」という一節があった。

　ミクロネシアのモグモグ島の近くには、「鉄の歯《シギ・パラン》」をもつ鬼女のすむ島があり、男が上陸すると性に誘って一物を切断し、煮て食べてしまうと怖れられていた。ユーラシア大陸を東にくると、陰歯をもつ羅切女《らせつじょ》の伝説は、インドから中国、シベリアにも散在し、大陸を縁どる台湾から千島にかけての花綵《かさい》列島にも点在していた。アイヌ民族ではメノコタン、つまり女護島の女性の膣には歯があり、春になると生え、秋の落葉とともに脱落するとされていた。媾合の季節はだから冬に限られていたのである。本州でも東北から琉球まで羅切女の説話はたくさんあるが、そのうち有名なのを一、二あげておこう。

金精神《こんせいじん》と剃刀婆《ピータイポホ》

『今昔物語』によると、陽成院の御代、滝口の道範が天皇の使いで陸奥へゆく途中、信濃の国の郡司の家に泊った。夜、トイレへゆく途中たまたま座敷を覗くと、二〇歳すぎの美しい妻女が馥《ふく》郁《いく》と香《こう》をくゆらせ、紫苑《しえん》の綾の衣一重をきて伏せっていた。好き心をおこした道範は着物を脱ぎすて、女の床にもぐりこんだ。暫く抵抗してはいたものの女は否む様子をみせなかったので、道範はいよいよ事に及んだ。「其の程に男の閛《まら》を痒《かゆ》がる様にすれば、掻捜《かきさぐり》たるに毛許《ばかり》有て閛失せにけり」。怪訝《けげん》に思って郎党共に試させたところ、皆「極《いみじ》く奇異《あさま》しき気色」で次々に戻ってきた。怖ろしくなってあわてて逃げだすと、郡司の使いが追っかけてきて、白い紙に松茸を包むようにして閛を九本返してくれた、という話である。これは女性が妖術を使ったことになっている。

根岸肥前守の『耳袋』（江戸中期）には、世界の他の伝承と同じワギナ・デンタータの話がのっている。津軽のある長者に娘が一人いたが、「容顔美麗にして風姿艶絶なる事類《たぐい》なし」の有様だった。近隣の若者たちが争って聟入りを望んでやってきたが、皆「如何《いか》なる故にや婚姻ととのい侍る夜即死」してしまった。両親は驚いて娘に訳を尋ねると、「〔……〕の節或は即死し又恐怖の躰にて逃帰りぬれど、我も其訳知らず」という。そこで逃げ帰った男に聞くと、「女の〔……〕

に鬼牙有りて、或は疵《きず》を蒙り又は〔……〕喰切りし」との答だった。或男がこの話をきいて、我こそ聟になろうと、「黒銅にて陽物を拵《こしら》え、婚礼の夜閨《ねや》に入りて〔……〕折から、右黒銅の〔……〕以《もっ》て〔……〕入れしに、例の如《ごと》く雲雨に乗じ右黒銅の〔……〕に喰付《くらいつ》きしに、牙悉《ことごと》く砕け散りて残らず抜け」て、その後は尋常の女となった。この黒銅は金精《かなまら》大明神として今も崇敬され、御神体となっているという話である。これと同じ伝説は現在でも青森県野辺地地方に伝わっている。

台湾でも剃刀婆《ピータイポホ》と呼ばれる有歯膣をもつ女性の説話がたくさん集録されている。だいたい『耳袋』と同じ筋書きだが、落《おち》が違った。砥石《といし》や鑢《やすり》で磨き減らしたり、歯を欠いたり抜いたりして最後にはめでたく偕老の契《ちぎり》を結ぶという結末になっていることが多かった。これはたぶん成女式や結婚式での歯牙加工の風習と関係があるのだろう。もしそうだとすると、欠歯や抜歯の痕跡のある顎骨《がくこつ》が世界のあちこちで新石器時代の遺跡から発掘されているから、口歯と陰歯の連想は非常に古くからあったのかもしれない。昔、中国や中近東では歯を全部抜いた娼婦がいたが、これはフェラチオ専門だったという話も残っている。

食欲中枢と性欲中枢は、爬虫類脳といわれる人間の一番古い脳幹にちかい視床下部に仲よく隣接して位置しているから、食という個の生存行動が性愛という種の保存行動と通底していることを、ワギナ・デンタータのイメージほどよく象徴しているものはない。この隠喩は、古今東西南北にわたって人類に普遍的な現象であり、スイスの心理学者ユングのいう、集団無意識的な《元型》だったのである。

さて、以上の話から明らかになったように、人間はその愛するものと同化し、一体化したいという根源的な欲動があり、そこからペットや愛人を食べたり、動物と交接したりする現象がおってきた、とはいえ、そうした欲動を無制限、無条件に許すわけにはゆかない。そんなことになれば、ニューギニアの民話にあったようにイヌとばかりセックスしたり、留学生S君のように愛人を殺して食べたりする混乱と無秩序のカオス的世界に戻ってしまうだろう。そこでタブーという文化的な仕掛けが設けられた。食と性とにタブーが一番付着しやすいのも、人間が生きてゆくためには食べねばならず、また子孫を残すにはセックスしなければならない。食と性は個の生存と種の存続のために必須の基本的活動であって、しかも多くの動物と共通する獣的な行為だから、人間であるためには文化によって制限し、抑圧する装置がどうしても不可欠だったわけである。

Ⅳ章　タブーの仕組み

では、「ペットを食べるな」とか、「近親と性交するな」といったタブーは、どのようにしてできているのだろうか。その仕組みについて考えてみよう。

タブーという言葉は、もともとポリネシア語のタプー（tapu）を語源とし、あの船長《キャプテン》クックが『航海日誌』に書きとめて、ヨーロッパに伝えたものだった。「タ」は「印づける」、「プー」は「強くはっきりと」という意味で、特別にマークした人や物を指していた。尋常ではない、何か特異な能力や風変りな姿をもつ人や物に人々の注目と関心が集まり、印《マーク》がつけられ、超自然的で神聖な神秘力をもったり、逆に恐ろしくも穢らわしい魔力をもつ存在として畏怖され、特別視されてきたのである。

こうした相反する両義的な意味をもった単語は、しかし何もタブーだけとはかぎらない。前述のように、ギリシア語のハギオス、ラテン語のサケルにも聖／穢、浄／不浄の反意が同時に含まれていたし、ヘブライ語のクアドシュ、マダガスカル語のファディにも、まるで南北の極が同時に並存する棒磁石のように、一語で矛盾する両価的な意味が含まれていた。日本語の「イミ」も「忌み」とも「斎み」とも書くから、これに当るだろう。こうした背反する二極対立的な概念が混じりあった、曖昧でどっちつかずのものを指す用語がタブーにほかならない。こうした一連の人類共通の観念は、何もかもごっちゃになって見分けのつかない、いわばカオス的状況を表わしていたのであり、とりわけポリネシアではそれに奇妙奇天烈な習俗や行動の禁止が付着していたので、たちまち世界の共通語になったわけである。

一　コト分けとしての文化秩序《コスモス》

創世神話《コスゴモニア》の理

そこで、ごく簡単な思考実験をしてみよう。今、目の前に大きな黒板があるとする。一面まっ黒のどこにも区切りのないこの連続面は、何もかもごっちゃになった無意味な空間だから、古代中国人やギリシア人はこれを混沌《カオス》と名づけた。この黒板の中央に白いチョークで横線を一本引いてみよう。するとカオスはたちまち意味秩序《コスモス》に早変りする。カオスはこの水平線で両断され、上／下、高／低、天／地、神の領域／人間の領域等々という、有意味な空間に二分されるからである。今度はこの横線を奥行のある空間を区切る切断線に見立てよう。するとこちら側は前、内、近、同類、この世、あちら側は後、外、遠、異類、あの世等々の意味をもつ。最後に九〇度回転させせて垂直に立てると、右／左、陽／陰、日／月、昼／夜、男／女、人間／鳥獣等々の二項対立図式からなるコスモスに変換されるだろう。たった一本の線を引いただけで、カオスは言《こと》によって事に分けられた――これを《コト分け》と呼ぼう――コスモスに変貌したわけである。

そしてじつは多くの民族のもつ創世神話も、これと同じやり方によっていた。たとえば、ニューギニアのバルヤ族の宇宙開闢《かいびゃく》神話はこうなっていた。

元始、〈太陽〉と〈月〉は大地と混ざりあっていた。一切は灰色につつまれ、あらゆる動植物が同じことばで話しあっていた。人間も霊も動植物も一緒に生きていたのである。人間は、現在の人間と同じではなく、男のペニスには孔があいていなかったし、女のワギナは開いていなかった。犬もまた性器が塞がれていた。ついで、〈太陽〉と〈月〉がやおら立ちあがり、自分たちの上に天空をおしあげた。〔……〕このときから、昼と夜、雨期と乾期がこもごも交代するようになった。このときからまた、動物たちは人間とはなれて森に入り、霊の方は深いところにいってしまって身をかくし、人を脅かすようになった。

近くのニュージーランドでは、どうか。始原の時、天父ランギと地母パパとが重なりあって、たえず子供を産みつづけていた。両親の間に挟まれて、まっ暗ななかで生まれた子供は、あまりにも窮屈で息が詰まりそうなので、子供の一人タネが父母を引きはなし、こうして天地が分離した、というマオリ神話があった。ここでは最初から天父と地母という始祖がいたことになっているけれども、両者が一体の両性具有体だと考えれば、やはり混沌を表わしていたのである。『日本書紀』では、「昔天地がいまだ分かれず、陰陽《めお》の対立もまだ生じなかった時、混沌として鶏卵のように形が定まらず、ほの暗い中に、まずものの兆《きざし》が現われた。その明るく清いものは高く昇って天となり、重く濁ったものは凝って地になった」とされている。これは『淮南子《えなんじ》』などの中国古典から適当に引用されたものだが、要するに何もかもが混じりあった溶液のなかで、比重の小さいものが上に昇り、大きいものが下に沈んでおのずから天地が生じたことになっている。

東洋ではこのように天地剖判《ほうはん》は自然発生的に生成したとされているが、西洋では違った。読者のあなたもよくご存知のように、『旧約・創世記』によると、原初「地は形なく、むなしく、闇が淵のおもてにある」カオスだったが、創造神ヤハウェが「光あれ」というと光と闇が生じ、以後六日間にわたって、陸と海、太陽と月、昼と夜、男と女、動物と植物という対立項を次々に創りだしたことになっている。神が自分の意志で言葉《ロゴス》によってコスモスを作りだしたという点で、まさにこれはコト分けの典型だった。このように世界の創造者が神だったり人祖だったり、あるいは動物やトリックスターだったり、民族によって様々であったにしても、丁度細胞分裂のような二分割によって幾何級数的に事物を増殖させてゆく点では、すべて軌を一にしていた。

だが、コト分け――「分け」はまた「訳け」であり、「事割り」つまり「理《ことわり》」でもあった――

するには、どうしても一本の分割線がなければならない。この分断線は対立する二項の一体どちらにはいるのだろうか。

境界《リーメン》の不思議

今日の日本では、昔からあった多くのタブーが消滅してしまったが、「敷居を踏むな」の夕ブーは、今でも根強く残っている。「夕方に隠れん坊するな」とか、「逆さ水をさすな」、「二人箸を使うな」といった禁忌は、講義のとき若い学生に訊いてもほとんど知らないが、敷居——ラテン語でリーメンという——のタブーは、「左前に着るな」の禁忌とならんで、九〇パーセント以上が両親や祖父母から教えられて知っていた。しかしなぜそれが禁じられているのか、理由をきいても誰も答えられない。そこでその謎を解くとしよう。

先程の世界創造の思考実験で、カオスを分割してコスモスに変換するために最初の一線を引いたが、この区画線にはむろん幅があった。ところが、ユークリッド幾何学では、「線とは幅のない長さである」と定義されている。幅ありだと面になるから当然だとしても、学校でこの定義を初めて教わったとき、誰しも奇妙に感じただろう。幅ありなのに幅なしで、幅なしなのに幅があるという、矛盾律を破る性質を線はもっている。黒板を二分して意味分節秩序を作りだした当の直線が、じつは秩序からはみだし、二項対立図式のどちらにも属さず、しかもどちらにも属するといった不思議な性質をもっていたのである。

具体的にいうと、たとえば宅地から市境、県境を通って国境にいたるまで、明確な区画線が引かれていないと、たえず隣りと紛争がおき、喧嘩や戦争になるだろう。では、あなたの土地と隣家の土地とを分離するその境界線はどちらに所属するのだろうか。日本の現行法ではどちらの所有でもあり、どちらの所有でもない共有になっている。近代社会の根幹となる私有制が、じつは共有制によって支えられていたのである。

この問題を明らかにするために、イギリスの論理学者ヴェンの図形を借りて説明しよう。今、特定のカテゴリーを表わすものとして円Aを描き、Aを識別するための対立カテゴリーを円非Aとしてこれに交錯させ、そこに網目《メッシュ》をかけてみよう。円Aがあなたの宅地だとすれば、円非Aは隣人の宅地であり、このメッシュ部分が境界域ということになる。それは土地台帳上では確実に存在するが、あってなき如きものであり、もし一ミリでも幅があるとすると無限に分割できて、結局どこまでがあなたの土地であり、どこからが隣りの私有地なのか確定できない。その不確定で曖昧な部分がタブーになるのだとして、イギリスの人類学者リーチは『文化とコミュニケーション』で明快にこういっていた。

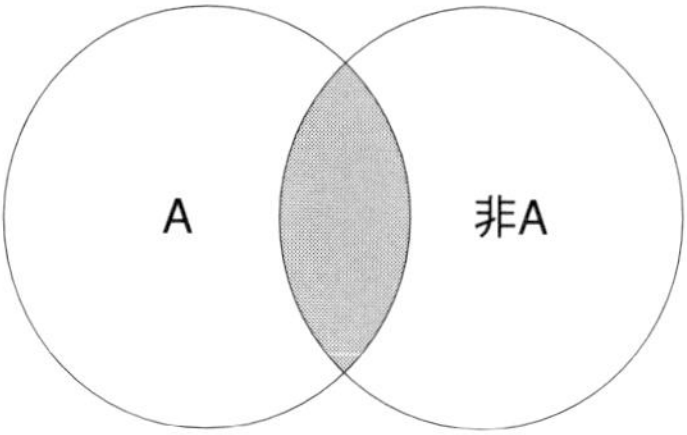

両義的な境界域

範疇《カテゴリー》Aの周縁が正確にどこから範疇非Aの周縁に移行するか

という点については、いつもある程度不確定で定まらない。空間的にせよ時間的にせよ、一つにまとまった領域のなかで範疇区別を設けようとするとき、いつも決まって問題となるのは、それらの境界である。われわれは類似点ではなく相違点に注意を集中する。だからこそわれわれは、このような境界の標識は特別の価値があり、《聖なるもの》で《タブー》だと感じるのである。

タブーの暗号解読《デコード》

ではこのヴェン図形を利用して、今あげた五つのタブーの謎を解いてみよう。

敷居《リーメン》はもともと門戸の下に敷いた横木のことで、家の内と外とを区切る印だった。「敷居が高い」とか「敷居をまたがせない」とかいうように、たった数センチの横木が、たちまち乗り超えられない城壁に変貌することもある。ところがこのリーメンそのものは、内でもなく外でもなく、同時に内でも外でもある境界特有の不思議な性質をもっている。空間を内と外に切断してコスモスを作りだしながら、それ自体は秩序の割れ目にできたカオスであって、恐ろしい魔物や不気味な怪獣のうごめく異界を覗かせていたのである。そこから「敷居を枕にして寝る」と幽霊が現われるとか、「敷居の上に坐る」と雷にうたれるとかいう俗信がでてきた。しかしこれは何も日本だけとは限らない。西洋でもフィンランドの人類学者ウェスターマークによると、「敷居とは死者の魂であれ霊魂の如き精霊であれ、神秘的なものが取り憑いているとの観念、あるいは敷居が一般に、超自然的な危険の宿る所だという観念」（『人類婚姻史』）が存在した。

夕方に「隠れん坊するな」の禁は、夕方が昼と夜との間《あわい》だったことに起因する。夕方を黄昏《たそがれ》ともいうが、これは「誰《た》そ彼は」と、ぼんやりして人の見分けがつかないことからきていた。つまり昼夜どちらでもなく、どちらでもある時間の裂け目にあたっていたので、そこから天狗や鬼が現われて隠れた子をさらってゆく神隠しの時刻と怖がられていたのである。黄昏を逢魔が（大禍）時といったのもそのせいだった。バリ島では今も夕暮れになるとカラという悪霊が現われるので、外出した人々は家路を急ぎ、いつまでも遊んでいる子供も家のなかにはいるよう叱責される。

残りの三つのタブーは、この世とあの世の区切りにかかわっている。「幽明境を異にする」と今でもいわれるように、死者の世界である幽界と生者の世界である明界とは対立概念であり、明確に区別しておくことが昔から重大事だった。さもないと死霊《しりょう》が生霊《いきりょう》を誘っていつ彼岸につれてゆくかもしれないからである。したがって、通常熱湯をうめるとき水をあとからさすが、湯灌のときは逆さにささねばならない。日常の食事のときは銘々箸で銘々皿のものをつまむが、骨拾いのときは木と竹というように材質の違う箸で向いあった二人が一緒に遺骨をはさむ。着物は右前に着るのが正常――ただし古くは逆だったらしく、左前に着た埴輪が出土している――だが、経帷子《きょうかたびら》は左前にしなければならない。こうした作法はすべて現世と来世をはっきり区分するためで、それを混同するとコスモスがたちまち崩壊してカオスに帰るので、きびしく禁止されたのである。

道祖神とヤヌス神

似たような風習は他の多くの文化でも見られた。左右の問題だけについていっておくと、現在でも世界人口の約四〇パーセントは手食民だが、不思議なことにほとんどどこでも右手が清浄、左手は不浄とされている。食事には必ず右手を使わねばならず、左利きの子供はその利き手を縛っておくところさえあった。インドネシアでは彼岸と此岸とはあべこべの世界で、死者はつねに左手を使うと想像されていた。したがってセレベス島（スラウェシ）のトラジャ族では、死者に食物を供えるときには左手を使わねばならなかった。一見非合理な迷信と思われる習俗にも、世界創造以来の深い理由があったわけで、いずれもヴェン図形の射影部分にはいるカテゴリーの混同が戒められていたのである。

その他、時空の亀裂《クレヴァス》では摩訶《まか》不思議な民俗が世界各地で見られた。空間の次元でいうと、たとえば道や辻、峠や橋などの境界は妖怪変化の出没する異質の場として怖れられ、道切りや石敢当《せきがんとう》あるいは道祖神が祀られた。これは西洋古代でも同じで、ギリシアの天界・地界・冥界を支配するあの太母神ヘカテは、《三叉路の女神》といわれ、夜になると亡霊の一団をひきつれて辻に現われると怖れられていた。そこから三界を象徴する三相一体の像があちこちのY字路やT字路の祠に祀られていた。ローマでは内と外とを同時に見張れるように前後に顔をもつ二面神ヤヌスが城門や家々の出入口《ヤヌア》にたてられていたのも、カオスをもってカオスを制するためだった。

時間の次元についていうと、そのヤヌスはまた、一年の端と端とがであう境界の元旦神であり、英独仏語の「一月」はいずれも「ヤヌスの月」を意味していた。夕暮れや朝ぼらけだけではなく、季節の変り目、人生の節目にも魑魅《ちみ》魍魎《もうりょう》がでてくると信じられていたことは人類に共通だった。たとえば立春の前日の節分には今でも鬼やらいの豆撒きが行なわれているが、古代ローマでも五月のレムリア祭には祖霊《レムレス》が冥界からやってくるので、一家の主人はソラマメを真夜中に撒いてお引きとりを願っていた。あるいはまた婚姻儀礼ではじつに怪態な風習が沢山見られた。その一つに新婦と全く同じ装いをした《擬《まが》い嫁》が花嫁行列につきそい、初夜の床でも添い寝して愛の契りを妨害する奇習があった。面白いことにこの習俗はユーラシア大陸の東端から西端にまで点在していて、フランスやドイツでも添い婿と添い嫁が新郎新婦の初床入りを監視する《初夜の禁》がかつては行なわれていた。いうまでもなくこれは、生家から婚家へ、娘から女への移行という人生の節目に現われる悪鬼の害から花嫁を守るためにほかならない。

　こうした事例は無数にあって長くなるので割愛するが、興味のある方は拙著『もののけⅡ』で詳論しておいたので、そちらをご覧頂きたい。いずれにせよ、コスモスを作りながら自身はカオスであるリーメンに、人類が特別な関心と注目をそそぎ、強くマークしてきたことは、読者のあなたも諒とされるだろう。

二　境界上《リーメン》の存在

境界の人々

本題に戻ると、性と食のタブーでも、同じ原理が作動していた。先程のヴェン図形の円Aに、今度は自己《エゴ》を代入してみよう。すると当然、円非Aには私ではない他人がはいるだろう。「私は私である（A＝A）」という同一律（アイデンティティの原理）が成り立つためには非＝私（他人）によって私が区別できねばならないのだから。事はきわめて簡単なように見える。肉体的なエゴの範囲は、外界と接触する皮膚で区切られているからである。ところが、遺伝関係から見ると、エゴがどこで終り、他人がどこから始まるのか、という境界線を確定するのがじつは大変難しい。親子（一親等）、同腹同種のキョウダイ（二親等）は血縁係数からみると〇・五、つまり半＝私だが、また半＝他人でもある。三親等、四親等とどこまでゆけば、親類は他人に変るのだろうか。祖父がイトコ同士だったという親戚の近縁度は〇・〇〇七八一二五だから、これはもう行きずりの他人と同じといえるが、この二人の孫ははたして親族なのか他人なのだろうか。逆に一卵性双生児の近縁度は一で、自分と同じことだが、生まれたのは一緒だとしても、違った生涯をおくって別々に死ぬのだから私である他人、つまり他我《アルテル・エゴ》ということになってくる。このようにカテゴリーA（自己）の範囲が正確にどこからカテゴリー非A（他人）の範囲に移行するかという点についてはつねに不確定で曖昧なので、やむなく人類は民族や時代毎に境界上の近親の範囲を勝手に文化＝社会的に決めてきた。

日本の現行親族法では四親等のイトコ婚は認められているが、西洋中世では七親等——もっとも親等の数え方は違うが——までが禁婚とされていた。そのせいか現在でもイギリスでは、本（一次）イトコ婚が慣習的に何となくうろんげに見られている。あるいは北米の兎《ヘヤー》インディアンは、他部族とほとんど通婚せず、三五〇〇人から五〇〇〇人位の集団で暮らし、しかも成人男女はしょっちゅう性生活の相手を変えているので、遺伝的には全員が血縁関係にあった。しかし血族とは結婚できないので、親類を狭く限定し、適当に他人を作りだす巧妙な戦術をとっていた。ただしこれは白人の侵略によって家族や社会制度が崩れた結果で、前コロンブス期にどうだったかについては判らない。いずれにしてもしかし、自分と他人との中間的存在を適宜恣意的に近親としてヴェン図形のメッシュ部分にいれ、インセスト（近親相姦）・タブーを作りだしていたわけである。

境界の動物

今度は円Ａに人間を代入してみよう。すると円非Ａには、人間を人間として区別してくれる否定的な存在、つまり狭義の動物がはいるだろう。この動物が野生種であるばあいには、さして問題にならない。非＝人間ないし反＝人間なので、安心して食べられるからである。ピュタゴラス主義者やジャイナ教徒のような厳格な菜食主義者はいざしらず、ほとんどの人は動物性蛋白や脂肪をとっているから、ヒトと動物との識別がつかないと大変である。見境なしに他人を襲って食べてしまうかもしれないし、タコのように自分の手足を食べてしまうかもしれない。いやこの俗説はタコに対して失礼で、確かに足を食いちぎられたタコを時々見かけるけれども、腹が減って自食したのではなく、敵に喰われたのである。かえって人間のほうになぜか自分の手足にかみついてしまう自食症、つまりレッシュ・ナイハン症候群があったのである。

ところが、人間から疎遠な野鳥獣ではなく、人間に近しい家畜・家禽やペットになると扱いがややこしくなってくる。日本では天武の禁令以降、条件つきではあれ、またその範囲が多少変ったにしろ、家畜・家禽が禁食の対象となっていた。ふつうこれは仏教思想の影響のせいと考えられているが、確かにその原因の一半ではあったにしても、すべてではないだろう。というのも、狩りをほしいままにして鳥獣が尽きるまで殺戮に耽った雄略などの古代王の伝統をひきついで、仏教伝来以後もたとえば源頼朝の富士の裾野での大巻狩り、鳥類三万羽を獲ったといわれる豊太閤の尾張での狩猟など、支配者層は堂々と鳥獣を殺し、食べ、臣下にも分配していた。下々の者もこっそり犬猫にまで舌鼓をうっていたことは、既述の通りである。もし仏教の殺生戒だけが原因だとしたら、飼育禽獣はおろか野鳥獣の肉まであれほど食べることはなかっただろう。

むしろその根底には人間と動物との関係の日本的特殊性があった、と考えられる。先に民話の異類婚譚で明らかにしたように、日本では人間と動物が半ば同類、半ば異類の、どっちつかずの曖昧な状態にあり、その間を隔てる垣根が低かっただけに、人間から疎遠な野生動物にもヴェン図形のメッシュがうっすらとかかっていたが、人間に近づくにつれ網版の点が大きく強くなり、飼育動物を境界上の存在として禁食にしていたものと思われる。むろん仏教がさらにその陰影を濃くしていたことはいうまでもないが。

このことは、やはり異類婚譚で明らかになったように、動物を兄弟、植物を姉妹として、人間の同胞とみなしていた未開人のところで、細かな食タブーがめったやたらに多かったことからも証明される。たとえば、カラハリ砂漠のサン族では、リカオン、ハイエナ、ハゲワシは一般に食禁だったが、初老以上の年長者は食べてもよく、カメは幼児と老人以外食べられず、スタインボックと跳びウサギは一〇～二五歳の男女にとってタブーだったが、結婚して最初の子供が三歳ぐらいになると解禁された。グウイ族では、ハイエナ、ハゲタカ、ライオン、猟犬が一般に食禁とされていたが、ガンやカメは幼児と四〇歳以上の人なら食べてもよく、六カ月以下の幼児をもつ夫婦は小カモシカや野ウサギを食べてはならなかった。ニューギニアのカルリ族では、フクロアナグマを、子供、中年の男、連れ合いを失った老人は食べてもよかったが、新婚者、幼児の父親、月経中の女は食べてはならなかった。こうした複雑怪奇な食タブーは民俗誌に星の数ほども記録されているが、要するに誰がどの動物を食べてよいか悪いかを指定することで、社会的地位や性、年齢あるいは個人の状態を区別する識別操作子として使用されていた。いいかえると、人間と動物、集団の成員間での一体性と同質性が強かっただけに、カオスに回帰しないようにあちこちにタブーの分割線を引いて、コト分けておかねばならなかったわけである。

『旧約聖書』の食タブー

これに対し西洋では、これもあちこちで既に述べておいたように、人間と動物とはきっぱり分断された異質のカテゴリーだった。ヤハウェは人間の食物として動植物を創り、その支配を人間にまかせ、また動物の魂は死ねば肉体とともに滅びるけれども、人間の魂は最後の審判の時まで永遠不滅だと明言していたからである。だがそうなると、食の分野では好き勝手に何を食べてもよいことになり、何のルールもない、無法で無秩序な状態に逆戻りするだろう。そこで「べからず集」といってもよい「レビ記」や「申命記」が作られ、奇想天外な食タブーがこと細かに決められた。全部論じると長くなるので、四足獣についてだけ「申命記」から一部を引用しよう。

忌むべき物は、どんなものでも食べてはならない。あなたがたの食べることができる獣は次のとおりである。すなわち牛、羊、やぎ、雄じか、かもしか、こじか、野やぎ、くじか、おおじか、野羊など、獣のうち、すべて、ひづめの分れたもの、ひづめが二つに切れたもので、反芻《はんすう》するものは食べることができる。ただし、反芻するものと、ひづめの分れたもののうち、次のものは食べてはならない。すなわち、らくだ、野うさぎ、および岩だぬき、これらは反芻するけれども、ひづめが分れていないから汚《けが》れたものである。また豚、これは、ひづめが分れているけれども、反芻しないから、汚れたものである。その肉を食べてはならない。またその死体に触れてはならない。

一体どんな基準に基づいてこの禁制が作られたのか、わけが判らないので、中世以降神学者たちの頭を悩ませてきた、曰くつきの文章である。なかにはあまりにも恣意的で合理的説明がつかないので、酔っぱらったモーセのたわ言ではないか、という学者まで現われた。その謎が解けたのはやっと二〇世紀になって、しかも神学者以外の意外なところからだった。イギリスの人類学者メアリー・ダグラスがその人で、彼女の『汚穢と禁忌』によってその謎を解いてみよう。

牧畜民だったユダヤ人は、環境の動物相に規定されて、草食の反芻偶蹄類だけを、神との約束によって祝福された清浄な動物だとして許食にしていた。理の当然として肉食性の猛獣、非反芻類、単蹄類、指爪《しそう》類、雑食類などは初めから食物とはみなされず、可食域から追放されていた。ヴェン図形の円Aに前者を、円非Aに後者を編入していたのである。問題は草食性で反芻する(ように見える)のに偶蹄ではないラクダ、野兎、岩狸《コニー》(ただし欽定英訳のこの岩狸はハイラックスの誤訳ではないかとされている)、雑食性で偶蹄であるブタで、片方の足を円Aに、他方の足を円非Aにつっこんでいる両義的な動物であるところから、メッシュ部分にはいって禁食とされた。

同様に魚は鰭《ひれ》と鱗《うろこ》があって水に泳ぐものと規定されていたから、ヒレはあるけれどもウロコの見えないウナギなどは食禁とされ、両方ともないタコやナマコなどは不可食域にいれられた。鳥は果実や穀類などをついばむ草食性で、翼があって空をとぶものと定義されていたから、雑食性のカラスやカモメ、羽があるのにとべないダチョウ、鳥かネズミか判らないコウモリなどの曖昧な存在は、やはりヴェン図形の射影部分にいれられて禁忌となったわけである。

カテゴリーの紊乱者

古代ユダヤ人の動物分類学は現代とはちがい、また日本人の可食域と不可食域ともかなりずれているので判りにくいかもしれないが、可食／不可食のカテゴリーをまず恣意的に――ただし生態学的規定をうけて――決め、ついで可食域のなかで定義に完全にあてはまる動物を許食とし、条件を満さない半端な動物を禁食としていたことになる。八世紀になってカトリック教会が『聖書』になかったビーヴァーを新しくタブーにしたのも、同じ原理によっていた。哺乳類なのに魚のように鱗状の尻尾をもち、モグラのように運河を掘ってダムを造り、水のなかで鳥のように木の枝で巣を作って子供を産む、神が定めたカテゴリーを蹂躙《じゅうりん》する不届きな動物なので、タブーとされたのである。

同じルールは、未開社会でも機能していた。たとえば、ハワイでは、エイをルペ、マンタをヒヒマヌと呼んでいたが、これにはトビないし鳥の意味があった。つまり鳥のように翼をもちながら海に棲む魚だったので、ハワイの神々で一番《不吉な》カナロア神の身体を象徴するものとして忌避されていた。海亀やクジラ、イルカも水棲動物でありながら陸の動物のように水面で呼吸するので、二つのカテゴリーを混同するものとしてタブー視されていた。ただし同じくタブー視されていた首長《アリイ》だけは食べてもよく、またクジラの骨や歯は神聖な貴重財とされてはいたが。またアフリカのレレ族は、ダグラスによると、動物を昼／夜、天／地、水／陸の動物に分類し、また人間の集落に棲む動物と野生動物に二分していた。この基準からするとムササビは、夜の動物だが時々昼間に出てくるし、陸の動物なのに鳥（天の動物）のように空を飛ぶので、分別のある大人は食べようとせず、逆に分別のない子供だけは食べてもよかった。なかでもセンザンコウは、あらゆる動物の属性に矛盾するリーメン上の存在なので厳格なタブーとされた。陸の動物なのに魚と同様ウロコがあってしかも木によじ登る。哺乳類というより卵生のトカゲに似ているけれども幼獣に授乳する。しかも他の小型の哺乳類と違ってたった一匹しか子を産まない。この特異性のためにセンザンコウは、イニシエーション儀礼のとき、それ自身リーメン上の存在と目される新加入者《イニシエ》だけが食べることを許されたのである。

同じアフリカのトゥムブウェ族は、生態人類学者の松井健によると、動物を哺乳類、鳥類、魚類、ヘビ類、節足・環形動物の虫類の五つに大体分類していた。そしてセンザンコウは哺乳類《ニアマ》なのに魚類《キクル》のようにウロコをもち、コウモリは鳥類《カニョニ》なのに哺乳動物のネズミのような顔をしているから食べなかった。オオトカゲとワニは哺乳類のように脚があるのにヘビ類《ンジョカ》のような皮をもち、ヘビのように腹をすって歩くから、またカタツムリは虫類《ケシ》のような姿をしているのにヘビのように脚がないから、食禁だった。チンパンジーは動物なのに人間そっくりなので、またフクロウは鳥なのに顔が人間に似て耳までもっているといって、畏怖し食べるのを忌避していた。結局、トゥムブゥェの五つの民俗カテゴリーのなかで、「動物カテゴリーと動物カテゴリーの間に位置する動物は食べられることはなく、動物カテゴリーと人間カテゴリーの間に位置する動物は畏怖の対象になるという論理の図式を引き出すことができる」と、松井氏は結論している。

このように人類は時空の裂け目やそのなかに落ちこんだ人や動物に特別な関心を払い、強くマークし、聖なるもので同時に穢れたものとして食や性を通しての接触を忌避していたが、これまた時空のクレヴァスに開かれる祭りの時にかぎって、あえてタブーを冒すことがあった。だがこの点については次章の楽しみにとっておいて、その前にタブーの根本構造を明らかにしておこう。

三　タブーの構造

食・性タブーの相同構造

前章で明らかにしておいたように、人類は食と性をイメージ的に連想し、言語的に同一視する傾向があった。その象徴がワギナ・デンタータだったとすれば、当然食の禁止と性の禁止もパラレルな相同構造をもつはずであり、そこから次のような相似式が導かれるだろう。

	A	Aで非A	非A
性文化……	エゴ	近親	他人

食文化……ヒト　ペット　野鳥獣

これは先程のヴェン図形を簡単な表式に書き直したものだが、このほうが自己＝人間からの近遠、親疎、同異といった物理的、心理的な距離に比例してカテゴリー区分を攪乱する網掛け部分にタブーが付着することがよく判るだろう。むろん民族や時代によって近親の範囲が変化するし、ペットのところに家畜がはいるばあいもあるが。いずれにしても食・性タブーは瓜二つの構造をもっていたわけである。したがって、インセスト・タブーとは性の次元に現われたペット食タブーであり、ペット食タブーとは食の次元に現われた近親姦禁忌にほかならなかったのであり、こうして従来別々に解釈されてきた性と食のタブーを統一的に把握する道がひらけてくるだろう。

自己＝人間に近く親しく類似していればいるほど、タブーが強くなるということは、つきつめて考えると、性の領域では自分自身だけを愛する《自愛《アウトフイリア》》を禁止し、食の領域では自分自身を食べる《自食《アウトフアギア》》を禁止していることになるだろう。男性のばあい、自分で自分とセックスして子供を作ることは、むろん人間にはできない。神話でも、自分のペニスをフェラチオして大気神シューと湿気神テフヌトを産んだとされるエジプトの創造神ケペラか、全身武装した女神アテネを頭から産んだオリュンポスの主神ゼウスくらいのものだろう。

女性のばあい、そのアテナは処女神《パルテノス》として処女神殿《パルテノン》に祀られたが、あらゆる生物の母アルテミスも処女神、英雄ヘラクレスの母アルクメネも、霊魂の尊師ヘルメスを産んだマイアも処女神だったという異伝がある。なかでも一番著名なのは聖母マリアだろう。しかし遺伝子操作が可能になった現在でも、ウニやカエル、マウスなどはいざ知らず、人間での処女生殖《パルテノゲネシス》（単為発生）はまだ実現されていない。神だからこそ、人間には不可能な超人的、超自然的な奇蹟をおこせたのである。

《自愛《アウトフィリア》》が社会的な罪であることは、妖精エコーの恋情をすげなく拒絶し、水面に映る自分の面影に陶酔したナルシスの神話によく表象されている。自己愛《ナルシシズム》は自分に自己心酔して同一性を愛し、異性との有性生殖を拒否して他人との関係を絶つゆえに、他性を認めず自他の区切りを無視した罰として、愛の女神アフロディテの怒りにふれて水仙《ナルシス》に変えられてしまった。また《自食《アウトファギア》》とは、生きるための活動がそのまま死ぬための活動であり、生と死、有と無、存続と破壊が食べることにおいて混在した矛盾の塊りにほかならない。北欧神話で、人間界《ミドガルド》をとりまく大洋の底深くに棲み、自分の尻尾を口から呑みこんでいる巨大なヘビ、ウロボロスであって、いうまでもなくこれは世界創造以前のカオスを象徴していた。そして自食とはまた同一者を食べることだから、食人とも関連する。そこでカニバリズム（アントロポファギアともいう）について、簡単にでも一瞥しておかねばならない。

食人のタブー

カニバリズムは存在しなかった。それはキリスト教的文明開化を大義にふりかざした白人が、人喰いだと言いたてて《野蛮人》を侵略し、支配するための《植民地的言説》にすぎない、と主張するアメリカの人類学者アレンズのような人もいる。確かに一理あるが、だからといって西洋人による先住民の大量虐殺や奴隷化が免責されるわけではなく、輝かしい西欧的ヒューマニズムが回復されるわけでもない。何よりも約五〇万年前の北京原人、約十数万年前のジャワのガンドン遺跡やクロアチアのクラピナ遺跡から出土した、食人の痕跡の残る遺骨の存在を否定しようがない。アレンズの所論に反対して、アメリカの人類学者サンデイは、紀元前一八世紀頃の古代バビロニアから一九六〇年代末におよぶ一六五の社会を再調査したところ、そのうち一〇九社会でカニバリズムの有無に関する確実な情報がえられ、有とでたのは三七社会（三四パーセント）だった（『聖なる飢餓』）。

　ところで、飢饉や籠城、遭難、薬用、人肉嗜好などの極限状況や特異例を別にすると、習俗的アントロポファギアは人類学では族内食人《エンド・カニバリズム》と族外食人《エクソ・カニバリズム》とに分けて考察される。族内食人といっても、身内が死ぬと集った家族や村人がたちまち死肉を奪い合い、切り刻んで貪り喰うわけではない。食人はつねに儀礼の時に限られる。たとえば一九五七年に初めて白人と接触したニューギニアのビミン・クスクスミンでは、まだこの世とあの世の中間にいる死骸を葬儀のときに食べた。男性親族は、死者が男だと、「系族の内部で生命の生殖力を再循環させるために」、死者が女だと、「その妊娠の時に彼女に与えた多産力を再吸収するために」その骨髄を食べた。女性親族は、死者が男のばあい、「多産力と乳に形を変えたその精液の生殖力を再循環させるために」、女のばあい、「女性自身の繁殖力を永続化させるために」その下腹部の脂肪を食べた（プール「実体の象徴」）。つまりそこでは、目に見えないが宇宙を流動する有限な生命エネルギー（原語でフィニーク）が、人間をはじめ動植物のなかを循環している、と考えられていた。その実体は男性の精液、女性の母乳と経血とされていたが、死者から流出するがままにまかせておけば、それだけ部族内の生命エネルギーが減少するだろう。それを阻止して部族が永続し繁栄するように骨髄や下腹部を食べていたのである。死者からすると、それは仏教でいう捨身供養《しゃしんくよう》であり、慈悲の菩薩行に等しかったわけである。

一般にはしかし、族内食人俗は二次葬をするところに多い。たとえば南米オリノコ河上流のギアカ族やヤノアマ族では、死者を火葬にするとその骨灰を集め、細かく砕いてヒョウタンにいれて保存する。本葬祭の時その粉末をバナナ・スープに混ぜて飲む風習があった。その他のアマゾン諸部族については、アメリカの人類学者ハリスの『食と文化の謎』から引用しておこう。

> たとえばクラキエト族は、首長の死体を完全にかわくまで弱火で焼き、ミイラ化した遺体を新しいハンモックでつつみ、首長がそれまですんでいた小屋につるしておく。数年後、親族たちは盛大な祭りをもよおし、ミイラを焼き、その灰を、トウモロコシからつくる発酵飲料であるチチャにまぜて飲んだ。また、いくつかの文化では、死体を土にうめ、一年後に掘りだし、骨を焼いて、それを粉にしたものをチチャや他の発酵飲料といっしょに飲んだ。部

族によっては、骨を掘りだして粉にひくまでに、一五年もまった。灰を食べた部族もあった。クニボ族は、死んだ子どもの髪だけを焼き、食物か魚のスープといっしょにその灰をのみこんだ。

族外食人については、《食人王国》アステカの名声が轟いている。彼らは《人間狩り》に外征すると、敵の戦士のなかでも勇敢な者を捕虜にして連れ帰った。虜囚といっても、第二次大戦中のナチスの強制収容所でのような非人道的扱いをうけたわけではない。捕えた者との間で義理の親子関係が結ばれ、特別の御馳走があたえられ、女性も提供された。俘虜は自由に町を歩き、人々はその姿を見ると、罵声をあびせ、嘲笑したりした。が、捕虜は傲然と「早く殺して俺を食え、お前たちの身内を殺して食ったのだから、俺はお前たちの祖霊だ」と挑発したという。いよいよ祭りの日がくると、ピラミッドの最上段の祭壇に寝かされた捕虜の心臓を、神官が黒曜石のナイフでとりだし、太陽神に捧げたあと、死体は階段から転がし落した。下でまちうけていた人々はその肉を切って帰り、チルモレ（コショウとトマトで味つけしたシチュー）にして食べた。ただし、養父が義理の息子を食べることはなかったが。ある記録によると、一四八七年に首都テノチティトランの大ピラミッドで行なわれた儀式では、約一万四〇〇〇人が供犠され、首都の広場には一〇万から一三万もの生贄の頭蓋骨が棚に並べられていたらしい。その他、アメリカ大陸で名をはせた、インカ、トゥピナンバ、クワキウトル、イロクォイ族、オセアニアのマオリ族やフィジー島民などの族外食人でも、大同小異のやり方で食人儀礼が行なわれていた。

生命エネルギーの交換

族内食人では仮葬から本葬までの殯《もがり》の期間、死者の魂は此岸と彼岸の中有《ちゅうう》にあったし、族外食人では捕虜が他部族員でも自部族員でもなく、しかもそのどちらでもある養子だった。つまり、先の表式のAでも非Aでもあり且つない中間域に位置していたので、日常は禁食とされ、祭りの時に限って供犠されて食べられていたわけである。じじつ、あのビミン・クスクスミンでは、まさに一世一代のパンダヌスの大祭儀に限って、通常は交易し、同盟を結び、時に戦い、通婚――しかし彼らは部族内婚制をとっていたので数は少なかった――する近隣部族オクサプミンから生贄を捕えて食べていた。ビミン・クスクスミンは自分たちを《真の人間》――どの民族でもこうした自民族中心主義からなかなか逃れられないらしい――と称し、近隣部族を《人間＝ヒト》、さらに遠い非Aのカテゴリーを《人間＝動物》と呼んでいた（サンデイ、前掲書）。大祭儀の折にヴェン図形の射影部分にはいる《人間＝ヒト》から人身御供を調達していたのも、人類共通の原則に基づいていたのである。結局のところ、族内アントロポファギアが集団内での生命エネルギーの順調な循環をめざしていたとすれば、族外カニバリズムは集団間での生命エキスの交換を企図していたといえるだろう。さらにいえば、敵の捕虜の体内には以前に食べられた同胞の霊が宿っているから、祖霊を敵から解放すると同時にその霊力を再び自分の内に同化することでもあった。食人とは、こうした神聖な有限の生命エネルギー、霊的エキスをたえずフィードバックするシステムにほかならなかったわけである。

食人が食神であることは、カトリックの聖体拝領に端的に現われている。ミサのあと神父の手で信者の口にいれられる赤ワインに浸した聖餅《ホスチア》はイエス・キリストの血と肉であり、それを食べることで信者は神霊と一体化し、永遠の魂の救済を約束される。捕虜を人身御供《ホスチア》として神に捧げたあと、その血を飲み肉を食べたアステカ人と違うところは、人類の原罪を贖うためにイエスみずから身代りの生贄《ホスチア》となって十字架にかかったこと、そのことで多神教的な個々の食神を唯一の救い主に統合し、実体変化による化体《けたい》以外の食神＝食人を厳禁したことにあった。キリスト教化される以前――時にはそれ以後も――の西洋で、ブリトン人、イエルネ（アイルランド）人、ガリア（フランス）人、ゲルマニア（ドイツ）人などが食人俗をもっていたことは、ここでは省略したが、多くの記録によって明らかである。しかしそのばあいでも、自食の延長としての食人は、祭式における食神以外やはり禁じられていたのだった。

インセスト回避のメカニズム

タブーの仕組についてはよく判った。しかしインセスト・タブーは人間が勝手に決めた人工的な文化制度ではなくて、遺伝に根拠があるのではないか、と読者のあなたは反論されるかもしれない。確かにこれは従来から強力に主張されてきた近代学説だった。だがはたしてそうだろうか。

筆者とて、近親婚が他人婚より異常頻度の発現確率が高いことを否定するものではない。他人婚では約五パーセントなのが、イトコ婚では約七パーセント、オジ・メイ、オバ・オイ婚では約九パーセント、それが親子・キョウダイ婚では約一三パーセントにはねあがる、という遺伝学者の統計がある。もっとも何を異常とするかによって数値が変るにしても、筆者のような素人は専門家に教えて貰わねば、全く判らない。サルにもインセスト回避のメカニズムがあるから、この禁忌は人類にとって大変古いはずである。ネアンデルタール人がもしこのルールを作っていたとしたら、しかし奇妙なことになってくる。劣性遺伝の発生率を確かめるためには、少なくとも数世代かかるから、その間事態を観察し、文字がなかったので記憶にとどめる超能力者が部族毎にいなければならない。そしてこの科学的事実を踏まえて、弊害のある近親婚を禁止したのだとしたら、世界中で同じルールが適用されただろう。だが、そうはならなかった。その上、ごく狭い近親間の同系交配を長期にわたって継続したバンドのような小集団では、グループ自体がそっくり消滅することもあるし、有害遺伝子の保因者はしばしば早世、不婚、不妊などの症状を示すから、集団内での劣性遺伝子のプールが減少することもあるだろう。フランスの人類学者レヴィ＝ストロースは、「こうした規模の人口においては、血族結婚を制度的に認めても、遺伝学的な結果は無視しうる程度のものでしかないことはあきらかである。〔……〕未開人は、かれらが所与の条件をそこでまとめて結論づけることができるような人口学的状況にはなかったのだ」と、その『親族の基本構造』でいっていた。

事実、近親婚を是認している社会は沢山あった。アフリカのムブティ族では母と息子、ビルマのカレン族では父と娘の性関係はインセストとは見なされていなかったし、セレベスのミナハサ族では母と息子、父と娘の婚姻はどちらもタブーではなかった。古代エジプト、インカ、ハワイなどでキョウダイ婚が行なわれていたのは有名で、あのクレオパトラが二人の弟と結婚していた話は読者のあなたもご存知だろう。王族だけではなく、庶民の間でも、たとえば紀元前二世紀のエジプトのある記録によると、一一三の婚姻例のうち二三例、つまり二〇パーセントがキョウダイ婚だったのである。

完全《フル》なキョウダイ間ではなく、半《ハーフ》キョウダイ間になると、事態はもっとややこしい。同父異母の子供同士は許婚（古代のアテナイや日本）だが、その逆に禁婚のところ（ティコピア島民）、同母異父の子供同士は許婚（古代スパルタ）だが、その逆に禁婚（古代日本、クワキウトル族）となっているところがあった。さらにイトコ婚になると、一次イトコより二次イトコ（ハトコ、マタイトコ）のほうが近縁度が低いのに、後者の結婚を禁じて前者の結婚を優先的に規定する民族があるし、母方交叉イトコ（母の兄弟の子供）より父方平行イトコ（父の兄弟の子供）同士のほうが有害遺伝子の重なる危険が少ない――これはX染色体の伝わり方が男女で違うせいである――のに、前者との婚姻を選好する社会が多い。もっと極端な例をあげると、一卵性双生児の兄弟がそれぞれ別の一卵性双生児の姉妹と結婚し、この二組の夫婦から産まれたイトコ同士が再び結婚すると、有害遺伝子の発現確率は親子・キョウダイ婚と同じ一三パーセントにまではねあがる（以上の数字は主に田中克己「遺伝学からみたインセスト・タブー」によった）。ところが日本の現行民法では、後者は厳禁されていたが、前者は単なるイトコ婚として容認されていた。こうなると、近親のカテゴリー自体が文化と時代によって異なっていた上に、親子・キョウダイといった核心となる近親の婚姻も禁止されたり許可されたりしていたのだから、インセスト・タブーの原因を遺伝にだけ求めることはできないだろう。

役に立つから食べないのか

今度は、役に立つからペットを食べないのだという、近代の功利主義的な通念について検討してみよう。

前述のようにイヌは食用として飼い馴らされたが、また同時に色んな用途にも使われてきた。環北極圏では橇《そり》をひくエスキモー種がいなければ生活できないだろうし、ヒツジの群を放牧するにはコリー種が不可欠だろう。なかには丁度リスのように檻のなかで踏み車を回すために改良された、小型の焼串廻し犬《ターン・スピッツ》という種類までいた。一方、ネコもまた穀倉や書庫、家庭の鼠害を防ぐために飼われていた。こうした有用な役目を果していたのに、昔は結構食べられていた。ところが、今の愛玩犬は泥棒よけにもならないし、愛玩猫はネズミを捕えるどころか、逆に追いかけられて逃げだす始末である。実用性を離脱してひたすら可愛がるためにだけ飼われている無用の長物となったとたん、たちまち厳しい禁食の対象になってしまった。

ペットが無用の長物なんて、とんでもない、と読者のあなたは反駁されるにちがいない。時間に追いまくられ、たえずストレスをうけ、ぎすぎすした冷たい人間関係のなかで暮らす現代人は、精神的に満たされぬ不安感、孤独感を常に抱いている。その心の空虚をペットは、無償の愛で埋め、慰め、癒してくれる大切な伴侶ではないか、立派に重要な役目をもっているではないか、と。

むろん筆者とて、そうした効用を認めるにやぶさかではない。ペットを愛撫していると心拍数、血圧が低下し、脳のアルファ波が現われて心身が安定する結果、心臓病患者の退院一年後の生存率は、ペットを飼っている人が九四パーセント、飼っていない人で七二パーセントという統計的な有意差のあることが報告されている。ペットに触っていると、エンドルフィンの分泌が促されて、漢方の鍼と同じ鎮静・鎮痛効果がもたらされるという研究もあった。その他、末期患者やホスピス患者はペットによって死への不安感、絶望感が軽減されるし、自閉症患者もペットとのコミュニケーションを通じて社会復帰への道が開かれるという、臨床医の論文もあった。ペット・セラピーの効果を無視できないのは確かだろう。

だが有用だから食べないのだとすると、食用以外に無用なあのブタのタブーは一体どうしてできたのだろうか。というのは、ブタは牛馬のように農耕にも運搬にも適さないし、乗ることもできない。ヒツジやヤギのように羊毛もとれないし、アンゴラウサギのように毛皮にもならない。その皮革は牛馬にはるかに劣り、戦中戦後の物資不足の折に豚革の靴がでまわったが、すぐに破れた経験が筆者にある。このようにないない尽しの一方で、食用としての効率はすばらしくよかった。ハリスは前掲書で次のように書いている。

一生のあいだ、豚は、餌にふくまれるエネルギーの三五パーセントを肉にかえることができる。これにくらべて、羊は一三パーセント、牛にいたってはわずか六・五パーセントにすぎない。子豚は、餌を三から五ポンド食べるごとに一ポンドふえるが、子牛のばあいは、一〇ポンド食べないと一ポンドふえない。雌牛は、一頭の子牛を産むのに九ヵ月の妊娠期間が必要であり、また子牛は、現代的な条件のもとでも、四〇〇ポンドに達するには、さらに四ヵ月かかる。しかし雌豚は、受胎後四ヵ月以下で八匹以上の子豚を産め、子豚もその後六ヵ月で四〇〇ポンドをこえる。あきらかに、豚というものは、まさに人間の栄養と楽しみのために肉を生産する存在なのだ。

これほど優秀な食用動物が『旧約聖書』で禁食とされたのは、先に見たようにヴェン図形のメッシュ部分にはいったからだった。もっと具体的にいうと、ブタは雑食性で、イヌ同様、汚物を食べる掃除屋と見なされ、古くから穢れた、しかも神聖な動物だという観念がまといついていた。たとえばエジプト神話では、ブタの頭をした悪神セトが兄の主神オシリスにとって代ろうとして殺したので、兄の息子ホルスによって殺害された。以来、年に二回のオシリスの祭りでブタを生贄にして食べる以外、忌避されるようになった。高位のエジプト人が偶然にでもブタに触れたら、ナイル河まで走っていって服を着たまま飛びこみ、身を浄めねばならなかったほどである。

ところがその一方で、アメンホテップ三世（前一五～一四世紀）はメンフィスにあるプタハ神殿に一〇〇〇頭のブタを供犠していたし、少し後のセトス一世は、エジプト全土で一番神聖な場所とされるアビドスのオシリス神殿の敷地内で、ブタの飼育を許していた。こうしたブタの両義性は古代中近東の他の地方にも広く見られ、ユダヤ人がその伝統の一端をひきついだわけだが、しかしそこには別の原因もあった。

牧畜民と農耕民の対立

一般に勇猛な放牧民と臆病な農耕民との対立はよく見られる構図で、前者は、土にはいつくばって労働し、一箇所に定住する後者を軽蔑していることが多い。モンゴル人は豚肉好きの中国人を嘲笑して、チムールの部下たちは明王を「ブタの皇帝」と呼んで侮蔑していた。元来森林の動物であるブタは汗腺をもたないので自己冷却装置を欠き、木蔭のない乾燥した熱い砂漠や草原の強行軍に耐えられない。その上、その食物は穀類、豆類など農産物が主で、ウシやヒツジのように草ばかり食べられない。つまり、ブタは農耕民の家畜だったから、遊牧民出身で神に選ばれた《選良民》としてのユダヤ人は、下賤な異教の農民と自分たちを区別するために、ブタを食べなかった。このことは「レビ記」の次の神言にも明らかだろう。

わたしはあなたがたを他の民から区別したあなたがたの神、主《しゅ》である。あなたがたは清い獣と汚れた獣、汚れた鳥と清い鳥を区別しなければならない。わたしがあなたがたのために汚れたものとして区別した獣、または鳥またはすべて地に這うものによって、あなたがたの身を忌むべきものとしてはならない。あなたがたはわたしに対して聖なる者でなければならない。主なるわたしは聖なる者で、あなたがたをわたしのものにしようと、他の民から区別したからである。

『聖書』外典の「マカベア書」にはこの神言を忠実に守って死んだ長老の話が載っている。シリア王アンチオコス四世がイスラエルを征服したとき、服属の印にユダヤ人に豚肉食を強要し、食べない者は死刑だと脅迫した。断固拒否した律法学者エレアザルは、母と七人の兄弟ともども舌を切られ、頭皮を剝がれ、生きながら大鍋で油揚げにされた、という殉教譚である。豚肉が単なる食肉ではなく、異教徒とユダヤ教徒を指定するカーソルのような識別操作子となり、圧制に対する服従か反抗か、聖なる純潔か穢れた不浄かの、生命を賭けて戦うシンボルに変っていたわけである。

ところが、その『旧約』を聖書としてひきついだキリスト教徒は、今度は自分たちをユダヤ教徒から区別しようとして、三世紀のアンチオキア公会議で、「ユダヤ人が食べないなら、われらキリスト教徒はブタを食べねばならない」と宣言した。こうして一一世紀に成立したフランスの聖アントニウス会の修道士たちは、ブタに縄をつけてパリの街角を連れまわり、家々ではこのブタを幸運のお護りだとして歓迎し、戸口で糞をしてくれると大喜びしたそうである。

世俗タブーの形成

不浄視されたり祝福視されたり、色んな宗教的意味を背負わされて、ブタもなかなか忙しい。というのも七世紀になると、今度はムハンマドが再び自分たちイスラム教徒をキリスト教徒から弁別するために、『コーラン』でブタを食禁としたのだから。「どのような要因によってこの禁令が導入されたのであれ、これがイスラム教徒を彼らの敵対者であるキリスト教徒と区別するのに役立った」と、シムーンズもいっている。するとまたしても、八世紀から一五世紀までつづく国土回復運動《レコンキスタ》をイベリア半島で興したキリスト教徒は、潜伏した回教徒を探しだすために豚肉食を強制し、偽装改宗かどうかを判定する手段とした。結局のところブタは、セム語族系の三つの一神教が相互に自他を差異化するための宗教的シンボルに利用されたわけであり、ブタを食べるキリスト教徒は、その肉の味もさることながら、同時にその象徴的な意味をも堪能《たんのう》していたことになるだろう。

だが後世になると、ユダヤ教やイスラム教とはちがって、キリスト教は政教分離だけではなく、生教分離策もとって、個人の食生活にはほとんど介入しなくなった。日常生活の世俗化と非宗教化が進んで、すべての動植物は人間の食物として神が創ったという「創世記」の神託に逆戻りしたのである。だがそうなるとコスモスを構成する境界線がなくなり、秩序が崩壊してカオスに回帰するから、神の律法によらない、いわば集団無意識的な世俗的タブーが形成されてきた。それがペット食禁忌にほかならないが、人間と動物との間にあってそのどちらでもあり、どちらでもない境界的存在を禁制とした点で、やはり人類共通の原則に拠っていたわけである。日本では幕末以降西洋文明の移植を急ぎ、明治五年に肉食も全面解禁となったが、西洋以上に野放図な何でもありの食文化になりがちなので、家畜食禁止に代って西洋のペット食禁制がこっそり導入され、最後の一線を守ることになった。こうしてみてくると、遺伝的弊害があるからインセスト・タブーができたのだとか、人間に役立つからペット食タブーができたのだとかいう功利主義的解釈では、タブーの謎が解けないことは読者のあなたにもお判りだろう。「人間固有の特質は、他のすべての有機体と分有する状況としての物質界のなかで生きねばならぬことではなく、まさに人間の能力の独自性を示す、自ら考案した意味体系にしたがって生きているという事実にある」と、アメリカの人類学者サーリンズもその『人類学と文化記号論』で言明していたのである。

とはいえタブーは、単に「してはならない」という消極的な禁令だけではなく、「しなければならない」という積極的な命令を楯の反面にもっている。「悪いことをするな」という道徳律は、その裏で「善いことをせよ」という倫理規範を暗示している。もっとも何が善で何が悪かは、文化や時代、場所や状況によって様々だけれども。タブーとて例外ではない。「近親と結婚するな」の禁忌は、「他人と結婚せよ」の逆命題だし、「自分の家畜を食べるな」という禁制は、「他人の家畜を食べよ」という指令と裏腹の関係になっている。カオスをコスモスに変換するのに必要なタブーはまた、できあがったコスモスを維持するのに必須の贈与交換原理だったのである。

一　贈物

贈与は人類の黄金律

現代社会で大物といえば、大型クルーザーや自家用ジェット機を乗りまわし、豪邸に住んで高価な宝石や家財、莫大な資産をもつ人物だと相場が決まっている。物を多く持てば持つほど偉いと錯覚されているわけで、人格が物にとって代られ物象化してしまっている。ところが未開社会の野外調査にでかけて、誰が大物かを知ろうと思えば、簡単である。一番の素《す》寒貧《かんぴん》を探せばよいのだから。そこでは財の私的独占や蓄積は悪とみなされ、リーダーやチーフはねだられたら、持っている物をみな気前よく与えねばならない。《親切なもてなし《ホスピタリティ》(hospitality)》こそ、最高の美徳なのだ。せがまれても与えない利己的な首長は、ケチ、シミッタレとさげすまれ、時に「お前だけが富者であってはならない、みんな平等であるべきだ」という理由で殺されることさえあった。一八世紀末にダフ号に乗って南太平洋で布教した宣教師団は、タヒチについてこんな記録を残している。

> 誰もかれもが、過失に対してさえ、友好的で気前がよい。せがまれると、互いに何でも拒絶することはない。浪費と思えるほど、気っぷよく贈物をする。貧乏でも誰にもみくびられないし、豊かにみちあふれ、貪欲だと、最大の恥であり、咎むべきこととされている。度し

がたいほどの欲深さをちょっとでもみせて、必要なときに自分のもっている物を手放すのをこばんだりすると、たちまち隣人たちにその財産をすべて破壊され、一番貧しい人々の境遇におとされ、やっと頭のうえをおおう屋根だけが、のこされるだろう。彼らは、ペーレ、ペーレ、つまりけちとよばれるよりは、身ぐるみはいでも、衣服をあたえようとするだろう。

サーリンズの『石器時代の経済学』からの孫引きだが、平等な共有制に基づく未開社会と不平等な私有制に基づく文明社会との対照をこれほどくっきり浮かびあがらせる情景はない。しかし西洋でも古くはホスピタリティという互酬的な贈与原理が支配的だったことは、言語学的に証明されている。一家の主人《ホスト》、女主人《ホステス》、ホテル、ホステル、ホスピス、病院《ホスピタル》といった一連の英語を読者のあなたもよくご存知だろう。これらの単語の印欧基語は「ゴスチ（ghosti-）」で、「相互に歓待の義務を負う者」の意味だった。だから今あげたどの言葉も、客人、旅人、病人などを温かく優しく親切に迎えて、快くもてなし癒す人や施設を表わしている。もっとも下にもおかない歓待のあげく、身ぐるみはいで追いだす暴力バーのホストやホステスには用心が肝心だが。

ところが不思議なことに同じ語源で、敵軍《ホスト》、敵対者《ホスティル》、人質《ホステージ》という反対の意味の単語があった。どうしてかというと、敵《エネミー》——これは友人《アミクス》に否定の接頭語インのついた形——であっても、物惜しみしない気前のよいもてなしによって相手に恩をきせ、その負い目を抵当《ホステージ》に昨日の敵を今日の友にかえて、友好的な同盟関係を作りださねばならなかった。敵は潜在的な友であり、友もまた潜勢的な敵だが、それをホスピタリティによって常に顕在的で現勢的な仲間に変えて、社会関係を構築する必要があったのである。しかし、もてなしの受けっぱなし、御馳走の呼ばれっぱなしだと、いつまでたっても負債を返せず、相手に頭があがらない。このことをイヌイットは、「鞭が犬をしつけるように、贈物が人を奴隷にする」といっていた。ドイツ語の「贈物《ギフト》」には「毒」の意味があり、日本の俚言でも「ただほど高い（恐い）ものはない」といっていたのだから。

そこで以前の主人《ホスト》が訪ねてきた時には、以前の客人《ゲスト》――ホストもゲストもゴスチからきていて、主客は交代可能だから、ラテン語ではホスペスと一語で両方を表わした――が今度はホストとなってゲストを気前よく歓待し、負債を返して優位に立とうとする。このように繰り返される相互贈与の互酬原理こそ、もともと社会関係を作りだす歴史貫通的な人類の《黄金律》だったのである。だから、ニューギニア高地では「敵とだけ通婚する」部族があり、フィリピンのイフガオ族では「アイドゥ」という言葉が、「姻族」と「敵」を同時に意味していた。「汝の敵を愛せよ」とか、「与えよ、さらば与えられん」（「ルカによる福音書」）とかいうイエスの教えも、こうした人類の普遍的公理に根ざしていたのである。

食物と女性の贈与交換

未開社会では贈与交換原理に基づいて「与えよ」という厳しい掟があったから、自分のとってきた狩りの獲物、自分が育てた作物や家畜を自分で消費してはならず、必ず他人に贈らねばならなかった。こうした事例はそれこそ銀河の星の数ほども民族誌に煌《きら》めいているが、各地の狩猟・農耕・牧畜民から一つずつ具体例を拙著『タブーの謎を解く』から再掲しておこう。

狩猟民

オーストラリア先住民は、自分が獲ったカンガルーを何マイルも運んでキャンプにもって帰ると、獲物を皆の前になげすて、木蔭に坐って、誰かが勝手に切りわけ、分配するのを無関心で眺めていた。一番悪い肉しか残らなくても不満をもらすものはいなかった（マウントフォード）。

農耕民

アフリカのベンバ族では、何か突然の災難に見舞われて作物がだめになったり、自分の必要量も収穫できない人がでると、同じ村に住む親戚が籠に何杯もの穀物をいれて持ってきてやり、食事をわけてやったりしていた。だからベンバの女性は、仲間よりずっとたくさん穀物をもっていても何の利益にもならない。人にあげねばならないだけだったからである（リチャーズ）。

牧畜民

シベリアのチュクチー族は、困っている人に対しては誰もがとても気前がよかった。毎年の秋の屠畜期にはトナカイの三分の一までが客に供され、客が貧しい場合には返礼の必要さえなかった（ボゴラス）。

極端なばあい、南米のグワヤキ族のように自分が捕えた獲物の自家消費が厳禁されていたので、「男はそれぞれ、一生の間他人のために狩りを行ない、自分自身の食料を他人から受けとる」（クラストル『国家に抗する社会』）仕儀になっていた。《発見》された当時、旧石器段階の生活様式を保っていた狩猟採集民は、男は狩猟、女は採集という自然な性的分業を行ない、植物性食料は家族や親族間で、動物性食料はさらに広く集団全体で平等に分配していたから、結局誰もがお互いに他人の労働生産物に頼って暮らしていたことになる。そして食物は母なる自然の恵みであり、自然に還った祖霊の賜物だったので、それを食べることは神霊や精霊の化身を食べることであり、文明人のように欲ばって、むやみに自然から略奪、乱獲して環境を破壊することがなかった。慎ましやかな暮らしで日々満ち足りた「最初の豊かさ溢れる社会」（サーリンズ）といわれる生活を送っていたのも、「無欲無漏《むろ》」という釈迦の教え、「足るを知る者は富む」という老子の道を自然に実行していたせいである。

同様に近親婚禁忌も、相互に女性を気前よく交換して、疎遠な敵性集団を親密な友好集団に変えて、社会的紐帯《ちゅうたい》を作りだすための巧妙な文化装置だった。従来インセスト・タブーの起源については、色んな説があった。先程の遺伝的弊害説、一緒に育った異性間では性的欲望を感じないという本能的嫌悪説、親子が夫婦になれば家庭秩序が崩壊するという家族関係説等。詳しくは前掲拙著をご覧頂きたいが、これらの学説はいずれも血縁関係を重視し、家族内部に狭く限定された閉鎖的な視点からの解釈だった。この視座をひっくりかえして、社会システム的な関係論からインセスト・タブーの謎を解いたのが先程のレヴィ＝ストロースだった。古典的名著『親族の基本構造』から有名な一節を引用しよう。「近親婚の禁止は、母、姉妹あるいは娘を娶ることを禁止する規制であるよりはむしろ、母、姉妹あるいは娘を他の人に与えることを強いる規則である。それはすぐれて贈与の規則である」。

だが、この画期的な理論が発見される以前から、当然のことながら賢明な未開人は黙って実践していた。アメリカの人類学者ミードの『三つの未開社会の性と気質』によると、ニューギニアのアラペシュ族の男に、「自分の姉妹と寝たことがありますか」と尋ねたところ、思いがけない質問に男は初めきょとんとしていた。何度もしつこく訊くと、とうとう怒りだしてこういったという。「何だって、君は自分の姉妹と結婚したいのか。何てこった。義兄弟がほしくないのか。もしほかの男の姉妹と結婚すれば、そしてさらに別の男が君の姉妹と結婚すれば、すくなくとも二人の義兄弟ができるのに、自分の姉妹と結婚したら一人の義兄弟もできないことが判らないのか。そしたら君は誰と狩りをし、誰と植付け、誰を訪ねたらいいのだ」と。

贈与交換と商品交換

人間が一人では生きてゆけないことは、子供でも知っている。いや、親に頼ってしか生きられない幼児が一番よく弁《わきま》えている。狩りをするにも畠を耕すにもお互いに助けあって協力したほうが安全確実だし、能率もあがるだろう。食料獲得に関しては小さな集団でも協同作業と相互扶助の連帯でほぼ自給自足できたが、種属と集団の存続のためにはどうしても他集団との連携が必要だった。というのもふつう狩猟採集民のバンドは平均二五人ほどで、しかも男女とも気に喰わないと連れ合いを捨ててぷいと出てゆき、他集団に合流するほど不安定で流動的な構造だったから、集団の内部で恰好な結婚相手をいつも見つけるのはとても難しい。アメリカの人類学者ウォッシュバーンとランカスターが、狩猟採集バンドの女性の出生力、子供の出産率と死亡率、男女の性差による出産と成長の不均衡など多くの変数をいれて、結婚適齢期の男女をほぼ等しい割合でつねに確保するには最低限何人必要かをコンピューターで計算したところ、答えは五〇〇人とでた(「狩猟の進化」)。この数字は丁度現実の方言部族の平均人口規模に等しかったのである。つまり生活集団であるバンドは、食に関しては自己完結的だったが、性に関しては本質的欠陥があった。そこでどうしても他のバンドに結婚相手を求めざるをえず、他集団から贈与された女性と交換に自集団の女性を婚出させねばならない。そのために、自集団の近親とのセックスが禁止されたわけである。

　こうした贈与交換理論は、まるで女性を物か商品のように扱っている、とラジカル・フェミニストから激しく攻撃された。だがそれは誤解というもので、統計的に一番頻度の高い婚姻形態を例にあげたにすぎない。事実、女性が男性を交換する社会も少数ながら実在した（たとえばインドネシアのテトゥム族、ヴェトナムのジャライ族）。それに商品交換ではお金を払ってしまえば、売手と買手の関係は原則として消滅する。ところが贈与交換では友好関係を継続させるために食物や近親の贈与と移動が行なわれていた。いってみれば、商品交換は「売ってしまえばそれまでよ」の買手危険負担だったのに対し、贈与交換は製造物責任法（ＰＬ法）に基づいていた。その証拠に、嫁にやった娘が不妊だったり亡くなったりすると、さらに姉妹を嫁がせるところがあったし、子供が産まれたら母の兄弟、つまりオジがその子に特別の権利をもつばあいもあった。女性の性能力や労働能力の使用権は他集団に譲渡したが、その所有権はあくまで自集団にあった。現代の日本でも、離婚したら実家の親元に帰るし、夫婦はそれぞれ自分の親の遺産相続権をもつが、配偶者の親の遺産は相続できないのと同じである。

　それはともかく、人類学者たちがタブーの謎に頭を悩ませ、一世紀以上にわたって喧々囂々《けんけんごうごう》の論議を戦わせる以前から、すでにアラペシュ族はこんな俚謡を歌って、学者たちの鼻をあかしていた。「お前自身の母親、お前自身の姉妹、お前自身のブタ、お前が積みあげたお前自身のヤムイモ、お前は食べてはならない。他人の母親、他人の姉妹、他人のブタ、他人が積みあげたヤムイモ、お前は食べてもよい」。食・性タブーの一致とその社会的機能は、おそらく何十万年も前から未開人にとっては自明の理だったのである。

未開社会はペット肉も交換で

食と性のタブーは、互酬原理に基づいて自己消費を禁じ他者消費を命じることで、社会関係を形成する巧妙な文化的仕掛けであることはよく判った。しかしそうだとしたら、自分の飼っているペットを食べないのは、他人の飼っているペットと交換して食べるためなのか、と読者のあなたは反問されるに違いない。尤《もっと》もである。だが、現在ペットを交換して食べないのは、親族制に基づく贈与交換原理が衰退し、代って利潤極大化原理に基づく商品交換が支配審級として社会の表面を覆ってしまったからにほかならない。未開社会を覗くと、そのことがよく判るだろう。

既述のように、オセアニアのあちこちでは自分の乳を呑ませたり、口うつしでポイを食べさせるほど、仔犬や仔豚を可愛いがっていた。今日ヴェトナム原産の太鼓腹豚《ポット・ベリー・ピッグ》という小型種が流行しているようだが、まさか自分の乳房で育てるほど可愛がる女性は、この国にはおられないだろう。その意味でイヌやブタはポリネシアやメラネシアではペット以上の存在、まさしく自分の子供の乳《ち》キョウダイだったわけである。ところが、パプア・ニューギニアのベイパ族は自分たちのためにイヌやブタを愛育しているのではなかった。これらのペットは交換パートナーのアモアモ族向けであり、ひきかえにアモアモのイヌとブタはベイパに贈られて、祭りの時に食べられていた。同じシステムは婚姻についても作動していた。村の娘はイヌやブタの交換パートナー集団にはいらない男と、結婚してはならないルールがあったのである。

今度はアフリカ東南部の牛文化複合圏《キャトル・コンプレックス》と呼ばれる地方を訪ねてみよう。この地域の多くの部族はウシを飼っていたが、単にその血や乳を飲む生活必需財、婚資に必要な貴重財、威信財であるだけではなかった。男性はめいめい子供のときから自分の牡牛を貰って、深い愛情を注ぎ、一緒に寝起きしていた。ウシの模様からきた名前を自分につけたり、ウシと同じ装飾品で身を飾ったり、ウシを自分と同一視するほど密接な絆で結ばれていた。シムーンズから引用してみよう。

ウシ・コンプレックスのさらに興味深い側面は、人々が自分のウシを自慢するだけではなく、熱烈な愛情をも示すことだろう。たとえば、スーダンのバリ族は飼っているウシに愛情混じりの崇敬の念を抱いているし、ウガンダのヒマ族のなかには、自分の子供さながらにウシを撫でて可愛がり、それで体調を崩したと嘆く者もいる。またケニアのトゥルカナ族は夕方になるとウシに合わせて歌い踊るのである。さらに先にまで進んで、ウシと関連するものは何でも神聖だとする集団も認められる。ケニアのナンディ族は、ウシに関係があるというので、牛乳、牛糞、牧草を聖なるものとみなしており、マラウィ（ニヤサ）湖地域のンゴニ族になると、ウシの囲いは聖なる場所だから、偉大な族長の墓所にふさわしいのだとしている。

ところがヒンドゥ教徒と違って、彼らは牛肉が大好物だった。何か事があると、ウシを屠《ほふ》って饗宴を開き、皆で舌鼓をうっていたのである。ただしそのウシの飼主だけは決して食べなかった。ボディ族では、皆が御馳走に夢中になっている間、持主は狂ったようにわめき暴れるので、友人たちで押えつけておかねばならぬほどだった。祝宴が終ると、彼はふっと姿をくらます。「近隣の他民族への殺戮の旅にでかけるのである。たいていは近隣の他民族をひとり殺して帰ってくる」(福井勝義『認識と文化』)。福井氏によると、この殺人は「ルファ」と呼ばれていたが、自分の身内が殺されたとき仇討ちにも適用される言葉だった。他部族こそいい迷惑だったろうが、このことからもボディ族にとって自分の飼牛は身内、いやそれ以上に自己であり、その肉を食べることは自分を食べること、つまりウロボロス的存在に陥ることだから、絶対に《自食》しなかったことが判るだろう。飼主は、牛=自分を殺した同じ集団員に復讐《ルファ》するわけにはゆかなかったので、他部族の一人を血祭りにあげることで、自分の存在性を回復しなければならなかったわけである。

殺人の話がでてきたので、カニバリズムでも人肉交換が行なわれていた事例をつけ加えておこう。アメリカの西部開拓史上で一番有名な食人事件は、一八四六年のドナー隊の悲劇だった。男女子供を含めた八七人の幌馬車隊がシェラ・ネバダ山脈を越えようとしたが、一〇月末の高地のこととて猛烈な吹雪にとじこめられ、食料が尽きて次々に倒れていった。生き残った人々はやむなくその死体を食べて生命をつないだが、最後に残った一人がやっと助けだされたのは、翌年の四月末のことだった。その生存者の報告では、身近な家族の肉を食べないですむように、お互いに他人の肉を分配して食べたらしい。もっとも、天明や天保の大飢饉のとき、親が子を、兄弟が姉妹を、またその逆を食べた凄惨な記録や絵図が残っているが、しかしそれは族内食人のところで触れたように、家族内での生命エネルギーの循環をめざした呪術的な食神行為であり、むしろ崇高な親子愛、キョウダイ愛の慈悲行《ぎょう》だったと考えたほうがよいだろう。

族外食人についていえば、マクロの視点でみると、いわば戦争という否定的互酬性を媒介にして、敵対集団が互いに自集団の祖霊の宿る他集団の成員を交換して、祭りの時に食べていたことになる。このようにほとんど社会秩序が崩れかかった極限状況においてさえ、自家消費を禁じ、他家消費を強制する贈与交換原理がなお機能していたのだった。人類はタブーを梃子《てこ》に、他人の肉体労働の生産物である食物を相互に贈与交換して通交《コマース》――この「交渉《コマース》」という英語の「霊的交わり、性交」の意味を含めて――し、他人の性労働の生産物である子供を相互に贈与交換して通交《コマース》し、何十万年もの長い間生きぬいてきたのである。

二　タブーの侵犯

このようにタブーは、コスモスとしての社会秩序を構築し、維持する重要な文化装置だったから、その侵犯には厳しい社会的制裁がくだされたのは、当然のことだった。アフリカのロアンゴ王国では、王の食事風景を決して見てはならない禁忌があった。うっかり覗き見したら、人間はおろかイヌまで死刑になった。ニュージーランドのマオリ族には、何であれ首長の触れたものにさわってはならない掟があった。知らずに首長の食べ残しを口にした勇猛な戦士は、それと知って激しい胃痙攣《けいれん》に襲われ、悶絶死してしまった。オーストラリアのウォトジョバルク族では、外婚制のタブーを犯した男は、トーテム集団のなかで食べられてしまった、という嘘のような本当の話さえあったのである。

にもかかわらずタブー侵犯は、インセストから人類が産まれたという始祖神話から現実の民俗誌にいたるまで、その跡をたたない。それどころか一定の状況では禁じられたタブーを冒さねばならないという摩訶不思議な制度をシステムとして組みこんでいる社会が多数見られた。一体どうしてだろうか。まずいくつかの実例を紹介しておこう。

文明の狂宴《オルギア》

狂宴《オルギア》という言葉は、古代ギリシアのディオニュソス（バッコス）祭からきている。エウリピデスの『バッコスの信女』によると、この祭りのとき、日頃女部屋に閉じこめられていた女たちは、ディオニュソスの作ったブドウ酒に酔っぱらい、髪をふり乱し、獣の毛皮をきて狂喜乱舞しながら、山野をかけめぐった。杖を地面につきさすと、たちまち酒、乳、蜜が湧きだし、全山鳴動して、獣たちも踊りだした。空を飛ぶように里にかけおりると、牧場のウシを素手で八つ裂きにしてその生肉を食い、農作物や果樹を根こそぎにし、家庭の金属器をうちこわすなど、ほとばしる原始的欲動のままに行動したといわれている。《ファロスの王国》のもとで押えつけられていた女性が、この時とばかり、原初の野生にもどって太母神としての姿を現わし、人間と動物が仲よく暮らしていた太古の黄金時代を再現し、男性支配の文化的象徴を次々と破壊していったのだった。ディオニュソスはもともと農業神だったので、女性の生殖力と自然の豊饒力との融合をめざしたこのバッカナリアの秘儀では、人間と動物、文化と自然といった日常生活を支配するあらゆる仕切りや境界が消滅し、紀律や禁制も廃止され、コト分け以前のカオス的世界が出現したのである。このオルギアからきた英語のオージーが、今でも乱交パーティーや乱痴《らんちき》気騒ぎを指しているのも、このゆえにほかならない。

同じく農業神だった古代ローマのサトゥルヌスの祭りでも、同じ光景が見られた。このサトゥルナリアは、太陽の勢いがしだいに衰え、再び復活する季節の裂け目としての冬至の前に行なわれたが、ここでもコスモスがカオスにひっくりかえる《あべこべ世界》が現われた。自由民と奴隷の地位が逆転し、「奴隷はその主人を嘲り罵ってもかまわず、主人たちと同じように酒に酔ってもよく、同じ食卓につくことも許され、主人が奴隷に給仕さえした」と、フレイザーはその『金枝篇』でのべている。古くはこの祭りのとき、奴隷が贋の王となって玉座に坐わり、王の愛妾を意のままにし、王に代って反道徳、反社会的な命令を下し、酒池肉林のどんちゃん騒ぎを連日連夜催したが、祭りが終ると贋王は十字架にかかって殺された。これは古代バビロニアのサカエア祭でも同じだった。

同じ狂乱の旋風は、春になるとインドでも吹き荒れた。愛の祭りといわれた、先史時代にまで遡るホーリー祭では、老いも若きも野原の真中の大きな篝火《かがりび》の回りで踊り狂い、誰彼かまわず見境なく交合した。年齢、性別、カースト、富や権力といった一切のコト分けが破壊され、女たちは隊伍を組んで農場主や祭司《ブラフマン》階級を攻撃する。奴隷に等しい扱いをうけていた女たちが、この日ばかりは主人の役割を演じ、下の者が上になり、上の者が下になる、天地のひっくりかえった世界が出現したのである。

歌垣と五月祭

日本でも古く春秋の時空の割れ目で、歌垣（嬥歌《かがい》）が行なわれたことは、読者のあなたも先刻ご存知だろう。筑波山が有名だが、これは男体山と女体山にわかれ、また関東平野の孤峰でその山頂や稜線が天に接触する境界だったせいである。『万葉集』に、「未通女《おとめ》壮士《おとこ》の往き集《つど》い　かがう嬥歌に　他妻《ひとづま》に　吾も交《まじ》らむ　わが妻に　他《ひと》も言問《ことと》へ　この山を　領《うしわ》く神の　昔より　禁《いさ》めぬ　行事《わざ》ぞ」と歌われていたように、この祭りでは自分のツマ（夫も妻も古語ではこう呼ばれていた）と他人のツマの区別がなくなり、姦通の禁忌も解除されていた。それどころか「常陸国風土記」では、「筑波嶺の会《かがい》で、求婚《つまどい》の財《たから》を得ることができないと児女《むすめ》としない」とまでいわれていた。求婚の印の品を誰からも貰えない娘は、豊饒儀礼に加入できなかったとして、一人前扱いされなかったのである。この風習は、白・黒タイ族、ミャオ族、チワン族など東南アジア北部山岳地帯から中国雲南・江南山地をへて日本にまで及ぶ照葉樹林文化帯に広く見られ、原始的乱婚の遺風というより、むしろ無規律性交を通して自然の生産力を刺激、感応させ、また豊かな稔りを感謝する聖婚だったのである。

こうしたオルギアは、しかし古代だけではない。今ではメイ・デーは労働者の祭典になっているが、近世までは豊作を祈る春の祭りだった。一六世紀イギリスでは五月一日の前夜、つまり悪魔や魔女を集めて魔王がサバトを開くとドイツでいわれたワルプルギスの夜、老若男女が一晩中森や山野に集って飲めや歌えの乱痴気騒ぎに浮かれ、手当りしだいに媾合する。翌朝ファロスを象徴する五月柱《メイ・ポール》を森から切りだして広場につきたてる――むろんこれは母なる大地とのくながいを象徴していた――と、その周りで皆が踊り狂った。現在でも盛んに行なわれている謝肉祭《カーニヴァル》は、じつはキリスト教によって変形されたあのサトゥルナリアの零落した姿だが、中世末ではまだオルギアの面影を濃厚に残していたとして、ロシアの文学者バフチーンは、ルネッサンス期フランスの作家ラブレーの作品を論じながら、カーニヴァル的祝祭空間についてこう書いていた。「カーニバルでは一切が平等とみなされた。人々は、通常の生活、つまりカーニバル外の生活では、階級、財産、職務、家族、年齢の状況のさからい難い障壁によって分け離たれているのだが、このカーニバルの広場では、その人々の間に特別の、自由な打ち解けた触れ合いの形が支配したのであった。人間はいわば新しい、純粋に人間的関係を求めて生れ変ったのである。疎外は一時的に消滅するのだった。人間は自分自身に立ちもどり、人々の中で人間である自分を感得するのだった」。抑圧されていた民衆が、一切区切りも境界もないコト分け以前のカオス的世界を、原初の楽園としてどれほど夢想し、切望していたかが判るだろう。

未開の狂宴《オルギア》

そうした太古のパラダイスに近い未開社会のほうが、落ちぶれてしまったオルギアの原型を、文明社会でよりもはるかに鮮かに残映させていたことはいうまでもない。ハワイでは古い年が去り、新しい年が始まる乾期の終りに、マカヒキ祭が行なわれた。このとき人々はロノ神像を浜辺にかつぎだし、海水で禊《みそ》ぎ（身《み》濯《そそ》ぎ）したあと、老いも若きも男も女も陸と海の境界である渚で相手かまわず無差別性交をした。通常は禁じられている貴族と庶民の身分の違いをこえてまじわり、上下の区別を廃棄したこの《天と地の結婚》を通して、分離した世界を一つに統合しようとしたのである。

こうしたオルギアは、しかし何も祝祭のときだけとは限らない。王の葬祭の期間にはもっと凄じい秩序の解体がおこった。略奪、暴行、強姦は当り前、誰彼かまわず身につけたものを剝ぎとり、棍棒や石で殴り合い、髪の毛をひきむしり、殺してその肉を切り刻み焼くことまでした。女性たちも日頃はタブーとされた食物を貪り喰い、禁制の神殿に乱入し、《全般的売春》に耽ったとは、ハワイの古い記録である。フィジーやその他の食人島でカニバリズムが特に盛大に行なわれたのも、こうした王の空位期間だったらしい。

アフリカのスワジ王国でも、一年の端と端が出会う夏至の日に、インクラワと呼ばれる大祭が開かれた。この祭りが始まると、王は聖なる暗い囲いのなかにはいって類別的姉妹――実姉妹ではなく、親族分類上姉妹とされる女性――とインセストを行ない、日常は禁止されている自分の牧場のウシを解体してその肝臓を食べた。ここもあの牛文化複合圏だったことを思いだそう。性や食のタブーを侵犯することで王は穢れたものとなり、一旦象徴的に死んだと見なされたが、同時に社会的規範を踏みにじり、社会を超越してカオスの聖なる危険な魔力を身につけて、再び生まれ変った力強い王として姿を現わしたのである。

アフリカ中部ザイールのブショング王国では、即位式のとき、王はやはり母系親族集団に属する姉妹の一人と交接し、通常は食禁とされるセンザンコウとネズミ――前者同様、ネズミも自然と文化の境界上の動物とされた――を食べた。ナイジェリアのレクバ首長国でも即位のとき、首長は自分の氏族に属する赤ん坊を殺して牡羊の肉と一緒に料理して食べた。ここでも牡羊は首長の象徴とされ、赤子と同じく平素、食することは決してなかったのである。その他、新王が前王妃、つまり実母か庶母とインセストを犯したり（たとえばルアンダ）、亡き前王の心臓を食べねばならぬ（ヨルバ、ジュクン族）といった奇習の見られるところもあったのである。

未開・文明を問わず、人類は季節の変り目や人生の節目あるいは天地や海陸の境目、つまり時空のクレヴァスで祭儀を催し、日常は厳禁されているタブーをあえて侵犯してきた。なぜだろうか。いよいよ禁忌の謎の核心に迫る時がきたようである。

三　祭りの文化的意味

ケ・ケガレ・ハレ

日本語で日常生活の日々のことを、古くは日《ケ》とも褻《ケ》ともいった。『古事記』で、カルノオオイラツメが愛する兄カルノミコを慕って詠んだ「君が往き、け長くなりぬ」という歌にあるように、日《ケ》は日《ヒ》と違って、日本語には珍らしく連続的な複数の日々を指していた。一方褻のほうは、褻衣《けころも》といえば普段着や肌着、褻稲《けしね》といえば米や雑穀のことを表わしていた。共に持続的な時間からなる日常性を意味していたのである。ところが、褻はまた猥褻《わいせつ》などというように、ケガレとも読んだ。不断（普段）に同じ衣類を着ていると、しだいに垢や脂がついて汚れ、やがてすり切れてぼろぼろになるだろう。これは何も衣類だけとは限らない。惰性状態が長く続くと、生身の人間でも、家屋や機械でも、会社組織や政治体制でも、しだいに活力を失い、ケガレが溜って器質疲労、金属疲労、制度疲労をおこし老朽化してくるだろう。比喩的にいうと、時間の経過とともにたえず一方向に不可逆的に最大値に向って拡散や汚れが増大するエントロピーの法則が作用するためである。このことを古代の人々は「気《ケ》が涸（離《か》）れる」のだと想像した。カルノオオイラツメの歌は、じじつ万葉仮名で「気那賀久《けながく》」と書かれ、日《ケ》も褻《ケ》も気《ケ》も古語では同じケ乙類だったのである。

ところで気《ケ》とは、中国思想で、宇宙の根源にあって森羅万象を生じさせる一種の生命エネルギーを指す、「気《キ》」の呉音にほかならない。『荘子・知北遊篇』に、「人の生や気の聚《あつま》るなり」とあり、宇宙に充満する根元の気（元気）を呼吸することで、人間は生気や活気を保って生きている。自然の気との調和を乱せば気分がすぐれず、病気となり、気力が衰えて、時に気がぬけたり、気がふれたりするだろう。気を失なえば倒れてしまい、「散ずれば則ち死す」（同書）わけである。『日本書紀』でも気はしばしば「イキ」と訓じ、この「息」は「生き」と同根で、気息《イキ》と生命《イノチ》とは同じことだった。しかしこれは何も東洋だけの考え方ではない。ギリシア語のプネウマは「風、息、霊、命」を意味し、ラテン語のアニマも「空気、息、命、魂」の語義があったことを思いだそう。

カオスの活力

したがってケガレ（気涸〔離〕れ、穢れ）てきたケ（日、気、褻）を再び復活させて、生気、活気、気力、気魄をとり戻すには、マンネリ化した不断の日常性を一旦どこかで切断し、劈開《へきかい》して、始原の新鮮な低エントロピー・エネルギーをとりいれねばならない。そのためには、コスモスを作り、維持しながら、それ自体はカオスであるあのリーメン、つまり時空のクレヴァスを活用するに及《し》くはないだろう。それがハレの日の祭りだったのであり、日常性の地平をこえたこの聖なる祝祭空間では、コト分けによる二極対立図式がすべて崩壊し、一切の区別や規範、制限や桎梏《しっこく》が廃止される。社会秩序《コスモス》を必要としながら、にもかかわらず人類がなぜ無秩序《カオス》を渇望するかについて、ダグラスは前掲書でこういっていた。

　無秩序が形式《パターン》を破壊することは当然であるが、一面では形式の素材を提供する。一方秩序は制約を意味している。秩序を実現するためにはありとあらゆる素材から一定の選択がなされ、あらゆる可能な関係から一定の組み合わせが用いられるからである。従って無秩序とは無限定を意味し、その中にはいかなる形式も実現されてはいないけれども、無秩序のもつ形式創出の潜在的能力は無限なのである。これこそが、我々が秩序の創造を求めながら、ただ無秩序を否定し去るといったことをしない理由である。我々は、無秩序が現存する秩序を破壊することは認めながら、それが潜在的創造能力をもっていることをも認識しているのだ。無秩序は危険と能力《ちから》との両者を象徴しているのである。

　つまり人類は、食・性タブーを枢軸に自家消費を禁じ他家消費を強制して社会を作り、平常時にはカテゴリーの混乱がおこるとアラームのようにタブーをけたたましく鳴り響かせたが、余りにケの日が続くと活力が枯渇してシステムが劣化し、既成秩序《ノモス》を維持してゆくことができなくなる。そこで、定期的、臨時的に時空の亀裂で短期間タブーを解除し、お祭り騒ぎを行なって、カオスの潜在的な創造力を導入して、システムを活性化し、再賦活化しようとしてきたわけである。

水のシンボリズム

こうした社会の再活性化のために、多くの民族が利用したものの一つに、水があった。すでに『魏志倭人伝』でも、死者の埋葬が終ると穢れを祓うために、「一家をあげて水中に詣りからだを洗い、練絹《ねりぎぬ》をきて水浴する」と書かれていた。今でも神社に参籠したり、祭りに参加するとき水《みず》垢離《ごり》をとる習慣があるが、川や海で身《み》滌《そそ》ぎをしたり滝にうたれたりして汚れ（垢）を流し——もっとも「垢離」は当て字で、「川降り」の訛とされるが——心身を清めている。大昔からの古俗だったわけである。

しかしこれは何も日本だけではない。アフリカのガーナの先住民も南米のヒロバ族も、死人がでると水浴したり水をかけあったりしていた。セレベスのトラジャ族では、インセストが発覚すると、ウシやブタを川で供犠し、その血に染まった水中で当人はもとより村人全員が沐浴して、村中にただよう邪気を浄祓《じょうふつ》していた。エジプト人はナイル河で、インド人はガンジス河で、今も昔も聖なる水に浸って祓穢《ふつえ》していることは読者のあなたもよくご存知だろう。キリスト教の洗礼《バプテスマ》も、元来はヨハネがヨルダン川で信者を裸にして浸礼させたことに始まっている。

水にこのような浄化力があると信じられたのは、「水は方円の器に従う」（韓非子）といわれるように、無定形、無限定で、無分節、無分化な流体でありながら、また温度によっては気体の水蒸気に、固体の氷にも千変万化する、コト分け以前の宇宙的原質を表わしていたからにほかならない。このことは多くの宇宙創世神話に明らかだろう。

たとえば、『日本書紀』には、「天地開闢の初め、陸地は遊ぶ魚の水上に浮くように、浮き漂っていた」とあり、インドの『リグ・ヴェーダ』では、「太初において暗黒の一切は標識のない水だった」と書かれていた。古代バビロニアの『エヌマ・エリシュ』では、天地の母ティアマートは水をたたえた無限の深淵とされ、『旧約』でも、天地創造以前には「闇が淵のおもてにあり、神の霊が水のおもてを覆っていた」とされている。

いや、神話だけではなく、現実にも前七世紀のギリシアの哲学者タレスが「水は万物の始原《アルケー》」といったように、生命の源である水なしに人間は生きられない。十月十日のあいだ胎児は原始の海水の成分によく似た羊水のなかで暮らし、生まれてからもその身体の約七〇パーセントは水である。そこから水にまつわる様々な民俗がでてきたのも当然だろう。その一つに「若返りの水」があった。今でも東大寺二月堂の有名なお水取りの行事がつづいているが、古く奈良時代には、元旦や立春の早朝、若水を汲んで水神に捧げ、それを飲む信仰があった。「月の神のもつという変若水《おち》をとってきて、君に捧げ、若返ってほしいものだ」と『万葉集』で歌われていたように、「おち水」とは原初に還る、若返る水の意味だった。同様に古代ゲルマン人も春分の早朝に少女たちが水を汲み、水浴する習慣があった。こうした《初水》は、「原始の水の生命発生的な創造的価値をその中に濃縮して含んでいる水である」と、エリアーデはその『豊饒と再生』でいっている。始原の母なるカオスの水は、あらゆる生命の源泉であり、それを飲むと女性は受胎力を高め、病人や老人は生命力を回復して若返り、動植物は繁殖力を増大する、と人類は信じてきたわけである。

箱舟は子宮の象徴

生命の源である母なる水は、しかしいつも優しく穏やかで慈愛にみちた姿をしているとは限らない。暴風雨などになると、たちまち豹変して凶暴な牙をむく。怒濤となって船を沈め、高波となって漁村を襲い、洪水や土石流をおこして人々の生命や生活を奪い、一切を呑みこんでおし流してしまう。水は慈母でもあれば同時に鬼母でもあり、生と死、善と悪、聖性と魔性を一身にかねそなえた二面神でもあったのである。

世界各地に分布する洪水神話も、たぶんそこから発生したにちがいない。これにはいくつかのタイプがあるが、一番有名なのはノアの箱舟伝説だろう。人類の堕落を怒った神が大洪水をおこして滅ぼしてしまい、生き残った始祖から新人類が生まれてきたというこの伝承は、エジプト、シュメール、バビロニア、ギリシアの各地に残っているが、そこにでてくる箱舟は実は女性の子宮を象徴していた。ケガレの溜った古い人間が死に、母胎の箱舟に乗った新しい生命の種子が洪水のひいたあと新生してくるという生命の連鎖を、宇宙論的な規模で表現した世界刷新の再生神話だったのである。つまり、水はここでも古い生の終りと新しい生の始まりを媒介する両義的な境界上のカオス的存在だったのであり、再び母なる自然へ還る古い魂と新たに母胎から誕生した若々しい魂とを湯灌と産湯で送迎する日本の習俗も、水のこの性質と関連していたのである。

こうしてみてくると、人類はなぜ時空のクレヴァスにおいてハレの祭りを開き、ケの日には禁じられていた食と性のタブーを侵犯したのか、その理由がよく判るだろう。秩序《コスモス》を作りだしながらそこからはみだしているリーメンは、コト分け以前のカオスの深淵だったのであり、そこに身を浸して母なる水でケガレを祓い、根元の気、すなわち低エントロピー・エネルギーを汲みあげて再生する必要があったからにほかならない。コト分け以前の時空のこの解放区では、当然のことながら一切の規律、規範、桎梏がとりはらわれ、可／不可・許／禁の区切りもなくなって、全面的な自由と平等の世界が実現する。バフチーンもいったように、人々を隔て、人間と動物を分離する障壁もなくなって、何もかも渾然一体となったのどかで平和な、あのデュオニュソスやサトゥルヌスの黄金時代に戻ったような錯覚にとらえられる。「疎外は一時的に消滅し」、人間は原初の、裸の、ありのままの共同存在に帰り、日常的地平を超えたこの世ならぬ光にみちた聖なる時空に一瞬触れることができた。ラテン語の「祝祭《フエスタ》」も、「光輝く、裸形の、ありのままの」を意味する「フェス」という言葉からきていたのである。

王殺しと祭りの両義性

未開の王や首長が季節の変り目や人生の節目の祭儀《フエスタ》で、近親相姦を冒したり、禁じられた獣肉を食べるといった違反をわざと行なったのも、この違法なケガレた超人的行動によって文化と自然の隔壁をぶち壊し、超社会的な自然＝カオスの聖なる魔力を帯びた怪物となって再び社会に復帰し、女性の生殖力を増強させたり、家畜や農作物の豊凶を左右する支配力を更新し、その霊力を人民に誇示するためだった。そうした絶大な呪力をもっているからこそ、王は危険な存在として数々のタブーに包まれていたのであり、逆にまた王が妻妾の性欲を満足させられないと、すぐさま殺されるところもあった。こうした《王殺し》の制度はとくにアフリカのアンコーレ、シルック、ハウサ、ニョロ王国などの例が有名だが、なかには古代ギリシアやインドのように、一定期間後に必ず殺されるところもあった。極端なばあい、コンゴの古王国ヌゴイオでは即位式の夜にすぐ殺されたので、王座につく数時間の栄光のために命を代償にするような物好きは一人もいなくなった、という嘘のような本当の話まである。社会は、カオスの力を失って気涸（離）れてきた王を弑殺して、自然《カオス》の荒々しい霊質をもった新王をたてることで、世界の一新と再生を計らねばならなかったのである。祭りとは、コスモスのクレヴァスにうがたれたカオスへの回路《カナル》であり、そこを通って霊的、魔術的な聖水が流れこんでくる地下水路《カナート》にほかならなかったわけである。

　とはいえ、お祭り騒ぎは長くは続かない。というより続けられない。リオの人々は一年間の稼ぎを一週間のカーニヴァルで消尽してしまうといわれているし、ニューギニア高地のメルパ族はモカ祭で食べきれないほどのブタやサツマイモを蕩尽していることからも判るように、ハレの日に大量に消費する物資の調達には長い労働が必要だし、乱痴気騒ぎを連日連夜続けていれば、ついには疲れて飽きてうんざりしてしまうだろう。毎日遊び呆けていると、最初は快い刺激もマンネリ化してきて快楽度が急速に低下する。それに何よりも、歌垣でのように自分のツマと他人のツマの区別がなくなれば、性規律が乱れて自己同一性を確保するのが難しいし、ハワイ王の葬儀のときのように相手構わず殴ったり殺したり食べたりしていては、弱肉強食のジャングルの法則が支配するだけだろう。一切自由で平等な楽園《パラダイス》はまた、暴力と混乱と無法が支配する地獄《ゲヘナ》でもあった。こうした野蛮な自然状態の侵入を防ぐため、人類はカオスに無数の境界線をひき、コト分けによってコスモスを構築したのであり、したがってどんちゃん騒ぎは時空のクレヴァスという限られた期間と区域でのみ許された解放区にしかすぎなかった。むしろ欲動の断念や迂回という現実原則の支配するケの日が長く続けばこそ、欲動の自由な放出という快楽原則の支配する束の間のハレの日が、まぶしく楽しく喜ばしい魂の聖日《ホーリー・デー》となったのである。人間は祭りなしでは生きられないが、また祭りだけでは生きられない奇妙な動物だったといえるだろう。

ところが今日の社会では、コスモスのクレヴァスで開かれる祭りの際でも、食・性タブーが侵犯されることはないし、近親相姦や獣姦は聖婚とは認められず、ペット食や食人も聖餐とは認められていない。それどころかおぞましくも忌わしい異常な行動だとして指弾されている。どうしてだろうか。

近代以降になるとまず西洋で状況がすっかり変り、その《文明化作用》が世界的に波及したせいである。

そこで、ペット食禁忌という、教会法にも世俗法にもなかった暗黙の民俗的タブーの起源を西洋に尋ねてみるとしよう。

一　ペットは近代の産物

ペットの語源

じつをいうとペットという英語は、一六世紀以前には存在しなかった。語源は不明ながら、親が死んだり売られていった仔羊や仔山羊を人手で育てることを、スコットランド方言で「ペティ（小さい、つまらない）」といっていた。ペットはそこからの逆成語で、フランス語の「小さい、可愛い」を意味する「プチ」とも関係があるらしい。日本語で「小さい（点）」を指す「チビ、ポチ」という名をイヌやネコにつけるのとよく似た発想である。

とはいえ、それ以前にペットがいなかったわけではない。シャルルマーニュ大帝（九世紀）やヘンリ三世（一三世紀）は、権威の象徴としてゾウやヒョウ、ライオンなどを王室動物園で飼っていたし、領主階級も猟犬を沢山飼育していた。修道院でも神よりペットを愛する修道士や修道女がいたらしく、何度か愛玩動物飼育の禁止令がでていた。それでも九世紀のアイルランドのある修道士は、愛猫バンガー・バンを賛美する詩を書いていたし、一三世紀にはトマス（前掲書）によると、ペット用のサルまで輸入されていた。それだけではない。前にも触れたように、中世の農村では家族全員が一室で雑魚寝していたが、そのベッドの下や梁の上には家畜家禽がペット然と寝ていたし、ひどく寒い晩には暖をとるためベッドで共寝することもあったから、時々獣姦が発生したとしても不思議はない。

ところが中世末から近世になると、しだいに人間の住居と家禽家畜小屋とが分離されるようになってきた。人間と動物との疎隔が始まったのである。衛生観念の発達や経済的余裕ができたせいもあったが、中世共同体がしだいに解体して個人意識がめばえ、人と人との関係が疎遠になるにつれて、人と動物との間にも分裂が生じたのである。

その証拠に、一四世紀から一六世紀にかけての西欧では、オランダの人文主義者エラスムスの『少年礼儀作法論』をはじめ、沢山のエチケット集が出版された。そのなかに、たとえばテーブル・マナーについてみると、「豚のように口で音をたててスープを飲むな」とか、「穴熊のように鼻を鳴らして食いつくな」とか、「犬のようにだらしなく骨をかじるな」といった、動物的な振舞いを禁止する項目がずらりと並んでいた。近代的な文明人は、中世人のような動物的野蛮性から脱却しなければならない、という考え方が登場してきたわけである。

というのも、中世の領主や騎士たちは、野獣のように凶暴な荒武者がほとんどだった。フランスの歴史家リュシェールによると、フィリップ尊厳王（在位一一八〇〜一二二三年）の時代、「封建社会は全体として〔……〕九世紀以降その社会の習慣や風習をほとんど変えていない。大体何処へ行っても城主は相変わらず残忍で、強盗を生業とする猪武者である。かれらは戦いに出掛けたり、馬上試合に出場したり、平和時には猟に興じ、浪費で財産を使い果たし、農民をいじめ、近隣の者たちをゆすり、教会領を荒らしまわった」。ある城主についてはこんな記録さえある。

彼は一生を教会を略奪したり、壊したり、巡礼を襲ったり、寡婦《かふ》や貧者を虐げたりして過ごした。特に罪なき人々を不具にするのが好きだった。サルラのベネディクト会修道院一か所だけでも彼に手足を切られたり、目玉をえぐり取られた男女百五十人が収容されていた。この城主の奥方も、亭主に負けず残酷な女で夫が処刑するときには手を貸していたし、自分自身もあわれな女たちを責めさいなんで楽しんでいた。この女は犠牲者の乳房を切りとらせ、彼女らを働けないようにするため爪をはぎ取らせていた。

ところが、王権を中心とする統一的な近代国家が形成されてくると、こうした野蛮な猛獣のような残虐行為をこととする貴族階級の我武者《がむしゃ》根性を骨ぬきにして、優雅で洗練された宮廷人に変える必要が生じてきた。ドイツの歴史家エリアスがいったように、自然を征服する《文明化の過程》が進行したのであり、「人間が自分自身の《動物的特性》と感じる一切のものをいかに排除するか」が、重要な政治的課題となってきたのである。人間性は野獣性に反比例し、人間性の程度は動物性からの距離に正比例するというイデオロギーが、以後西洋を支配するだろう。

動物機械論

こうした風潮に輪をかけたのが、近代哲学の創始者とされる一七世紀フランスのデカルトにほかならない。彼は、理性をもつ人間だけが「思考する主体」であり、それ以外の一切は動物をも含めて単なる「延長をもつ客体」にすぎない、という主客対立の二項分割法を確立した張本人だった。したがって動物はもはや人間と同じように、それより低次ながらも霊性や感覚、感情、知能をもった存在ではなく、単なる《自動機械《オートマトン》》にすぎない、と見なされるようになってしまった。鞭で叩かれたイヌが悲鳴をあげるのは、痛いからではなく、鐘が鳴るのと同じ単なる物理的反応にすぎない、ということになったわけである。こうした機械論的自然観ができたからこそ、外界の対象を冷静につきはなし、自然の擬人観を排して客観的、合理的に観察し、各部分からなる機械時計のように自然をバラバラに分解して、そこから自然法則を科学的、分析的にとりだせるようになったことはいうまでもない。

しかしその反面、こうした思潮は再び残酷な獣性を人間に導入するようにも作用した。動物が機械なら、どんな残忍な仕打ちでも許されるからである。事実イギリスではこの頃になると、クマやウシ、ウマなどを杭につないでイヌをけしかけ決闘させて楽しむ《動物いじめ》が大流行し、貴顕貴女から庶民の鼻たれ小僧までが、この残酷なスポーツに夢中になった。ドーヴァー海峡を渡ったフランスでも一八世紀頃まで、重い荷車や大型馬車をひくウマやロバが疲れて立往生すると、容赦なく鞭や石がとび、倒れた死体は道端にうちすてられていた。

だがメダルには表裏があり、裏の裏は表になる。面白いことに近代的な科学的・分析的方法に基づく解剖学や生理学が発達してきたことから、逆に動物にも神経や刺激反応があり、感覚や感情をもつことが実験的に確かめられて、人間と動物との違いは質的なものではなく、量的差異にすぎないことが明らかになってきた。フランス大革命直前のパリの情景《タブロー・ド・パリ》を描いた同名の随筆で、作家のメルシエはこういっている。「女は決してデカルト派にはなるまい。自分の小犬が抱きついてくるとき、犬には感性も理性もないという考えに同意することは、決してあるまい。デカルトがもしあえて彼女にこんなことをしゃべろうものなら、顔をひっかかれたに違いない。彼女に言わせれば、愛犬が忠実であるというだけで、すべての人間の理性を全部ひっくるめたよりも価値があるのだ」。

デカルトの動物機械論は、「すべて生きて動くものは人間の支配に服し、人間の食物となる」という『旧約・創世記』の神言を尖鋭化したものだが、そこから神に保護と管理を委託され、利益や喜びを与えてくれる動物に対して、支配者としての人間が親切に世話し、愛情をもって接してやらねばならぬという新しい感性が、逆説的にもめばえてきたことになるだろう。

近代生活の反射鏡

それに、動物に残虐な子供は大人になると残忍な性格になりがちだし、昼間から酔っぱらって動物いじめに賭をしているような労働者は、工場の労働規律をみだす自堕落な怠け者にすぎない。しかも、機械制工業の発達につれて都会に流れてきたおびただしい労働者は、もともと土地を追いだされた農民だった。仲よく一緒に暮らしていた家畜からひき離され、一日十数時間も汚なく暗い職場で強制的に働かされ、くたくたになって帰ってくると住いは貧民街のあばら屋で、都会の冷たい人間関係にまじって暮さねばならなかった。近代の労働者がどれほど悲惨な生活を余儀なくされていたかは、マルクスの『資本論』やエンゲルスの『イギリスにおける労働者階級の状態』に詳しい。そこで失われた自然との接触や温かい共同体的人間関係の復活をペットにもとめて心を慰さめ、と同時にペットを支配し、消化することで積もり積もった貧乏生活の欲求不満と栄養不足を解消しようとしたわけである。再びメルシェから引用しよう。

パリでは人々は貧乏であればあるほど、ますますたくさんの犬、猫、鳥等々を飼って、狭い部屋の中でいっしょに暮している。そういう動物の臭いが、入る前から臭ってくる。大部分の人々は、警察の禁令にもかかわらず、むさ苦しい住居の中でたくさんの兎を育て、道端で拾い集めてきたキャベツの葉っぱで養っている。あとでその兎を食べるのだが、この食物のために彼は顔色が青ざめ、黄ばんでしまう。彼らは悪臭を放つ種族と暮し、それを食卓にのせようと、わざわざ増やしている。それで捕獲禁止の鳥獣がベッドのわきにいることになる〔……〕。仕立て屋、靴直し、彫金師、刺繍職人、お針子など、屋内にこもる職業の人々はだれでも必ず何かの動物を籠に入れて飼っているが、まるで自分自身の奴隷状態の憂鬱を動物にともにさせるためであるかのようだ。

ペットという言葉が一六世紀以降になって使われ、ペット熱が社会の底辺にまで浸透してきたのは、こうした経緯《いきさつ》からだった。ペットは近代市民生活を映す鏡だったわけである。

二　世俗化する現代

動物の脱獣化

動物をペットとして飼うためには、しかしその荒々しく兇暴な野獣性を緩和しておかねばならない。イヌがオオカミそのまま、ネコがヤマネコそのままの野生の気性をもっていては、とても家のなかで飼うわけにはゆかないだろう。今日ではトラやライオン、ワニやアナコンダの幼獣をペットにしている人がいるが、大きくなると手に負えなくなって捨てたり、動物園にひきとって貰ったりしている。《文明化の過程》は、人間から獣性を追放したように、ペットからその野性を排除したのである。

そのために人為交配による品種改良（改悪？）の努力が続けられ、可愛く柔順で言うことをよくきく、人間に都合のよい品種が沢山作りだされた。だがその結果、現在の多くの犬猫は畸形化し、幼態化している。たとえばイヌでは全体的に運動能力が低下し、骨格が貧弱化する傾向が見られ、関節炎、股関節脱臼、椎間板ヘルニア、軟骨形成不全などの症状が多くなっている。また栄養価の高く軟かいペット・フードを食べさせるため、肥満症、糖尿病、歯周病などの発生率も高い。なかには痴呆症になって寝たきりになったイヌさえいる。もっともこれは人間と同じく、過保護と医療技術の進歩のせいで、長生きできるようになったためではあるが。もともとペットは人間と動物とのどちらでもあり、どちらでもない両義的な存在だったが、現代ではあのヴェン図形のますます人間に近いメッシュ部分に移行してきて、「人間もどき、人間まがい」のヒューマノイドとなり、それを食べることは食人やインセストを犯すのと同じように感じられてきた。それだけ現代の愛犬、愛猫は、脱自然化され、脱獣化されて、人造動物に近くなり、逆に動物から遠ざかって「動物もどき、動物まがい」の、ゾーノイド的な生命ある縫いぐるみになってしまったといえるかもしれない。動物の人工的な擬似自然化が進んできて、そこから色んな問題が発生してきたのである。

動物の脱聖化

その一つに、動物の脱聖化現象があった。というのも、古代人や未開人にとって、動物は何か超自然的で神秘的な霊力をもち、その荒々しく猛々しい超人的な魔力に畏怖と崇敬の念を感じさせるものだった。おそらく最初の宗教意識は、動物神の崇拝からめばえたはずだ、と主張する学者も多い。たとえば、前にもいったように、古代エジプトでは冥界の神アヌビスはイヌの、愛の女神バストはネコの頭部をもっていた。その他、月神アビスは牡牛の、セト神はロバの、ホルス神はタカの、太陽神ラーはスカラベの姿で表象されていた。

日本でもオオモノヌシは蛇神とされ、オオカミが大神として畏怖されていたことは読者のあなたもご承知だろう。その他、トラやウサギ、サメやサルが神と尊称されていた古例は、神話や伝承に数限りなくでている。本居宣長がその『古事記伝』でいったように、「何であれ尋常ではないすぐれた徳があって、可畏《かしこ》き物」は、すべて「迦微《カミ》」と呼ばれていた。「徳」とは、「善きこと、功《いさお》しきこと」だけではなく、「悪しきもの、奇《くす》しきもの」、つまり何か特別に優れた能力のあるものを指し、「一国、一里、一家の内にも、ほどほどに神なる人のあるぞかし」とも書いていた。そういえば確かにどこの家庭でも「可畏《かしこ》き上《カミ》さん」が鎮座ましましている。ただし古語では神のミは乙類、上のミは甲類で語源は違ったが。

冗談はさておき、未開社会の好例として、北ユーラシアから北米の環北極地帯に広がる有名な熊祭り《イオマンテ》について一瞥しておこう。この地域では最も強力な《野獣の王》であるクマは、神霊の国に住み、毛皮をかぶって賓客《まろうど》神として人間の国にやってくる、と想像されていた。その化身を殺して盛大な歌舞、饗宴を開き、自然の賜物である熊肉に舌鼓をうったあと、多くの供物とともに解放されたクマの霊を再び丁重に神の国に送りかえす。気前のよい歓待《ホスピタリティ》に喜んだクマの霊は、何度も人間の世界を訪れ、神の恵みを与えてくれるだろう。定期的にあるいは死者の祭りなどで臨時的に開催されるこの熊祭りは、神霊界と人間界との間の贈与交換であり、部族の繁栄と永続、自然の豊饒性を祈願する聖なる祭式にほかならなかった。ヨーロッパでもすでに中期旧石器時代のムスティエ文化期に、洞穴にすむホラグマの骨をネアンデルタール人が儀式的にとり扱っていた痕跡があり、後期石器時代のオリニャック文化やマドレーヌ文化期のクロマニョン人は、熊神崇拝を示す洞窟画や土偶を残していた。クマを通して霊魂再生の観念や狩りの豊饒を祈る呪術が、すでにこの頃からあったらしい。

太古から人類は、このように動物を神聖な霊的存在として崇《あが》め畏敬し、その生命を奪って生きてゆく原罪に怖れ戦《おのの》きながら、その贖罪のために様々な儀礼を行ってきた。西洋近世でも、だから村々を巡回して歩く屠畜師は聖なるオーラに包まれ、行く先々で女性をうっとりさせていたものである。

ところが今日の家畜市場では、動物は単なる利潤獲得の商品にしかすぎず、屠畜場では機械的に解体、処理され、鉤に吊るされて天井に設けられたレールを伝って自動的に冷凍庫に運ばれてゆく。魂を霊界に帰してやる聖なる行為も、動物を食肉に変える営利手段にしかすぎない。肉屋のショーケースでは、英語でいうと牛《キャトル》は牛肉《ビーフ》に、豚《ピッグ》は豚肉《ポーク》に、羊《シープ》は羊肉《マトン》に名前を変えられ、聖性のかけらすらない値札のついた商品として売られているにすぎない。《文明化の過程》は人間から獣性を追放したが、同時にペットや家畜から聖性をきれいさっぱり払拭してしまったわけである。

祭りの卑俗化

とはいえこれは、何も動物に限られたことではない。一切を抽象的な数と量に還元する近代の科学的合理主義にとって、大地に地霊が、木々に木霊《こだま》が、すべての自然物に精霊が宿っているといったアニミズム的自然観は、都合が悪い。土地が祖霊のものだとすれば、人間が勝手に金銭で切り売りできず、聖なる丘や神々のすまう森や沼があれば、そこに最短距離で道路や鉄道を建設できないだろう。だがそれは、効率性と収益性を宗とする資本の原理に違反する。近代的自然観は魔術的自然観に敵対的だったのであり、したがって自然からその聖性を奪いとり、価格に換算できる数量的な対象ないし素材に変えてしまわねばならなかった。その結果、居場所を失なってゆくところのなくなった聖なる精霊は、逆説的にも俗世間のなかにまぎれこみ、稀薄化され、拡散してしまった。今日祭りがもはや昔の聖性を失ない、俗なる日常性のなかになし崩し的に溶けこみ、混りあって、単なるイヴェントや見世物にまで卑俗化してしまったのもそのゆえである。ハレの日とケの日を区切る垣根《リーメン》が消えうせ、祭りの時に限って許され、むしろ奨励されたタブーの侵犯も消滅してしまった。ラテン語で「何をしてもよい」という意味の「リケーレ」を語源とする「レジャー」は、わななく魂の高揚期ではなく、その間延びした弛緩期となり、「聖なる祝日《ホーリー・デー》」は単なるごろ寝の「休日《ホリデー》」に変ってしまったのである。

　性文化についていうと、たとえばビルマのカチン族では、姉を「ナ」、妹を「ナウ」といったが、前者は家畜を神々に供犠する「聖なる祭日」を、後者はそれにあわせて踊る「聖なる舞い」を兼意していた。兄弟にとって平常姉妹は触れることさえ憚かられる聖なる女神だったが、ナの時に限って、生贄にされたあと共食される家畜と同じく、ナやナウとセックスできた。聖性を冒瀆することで穢れを清めに変換し、神々の世界と接触して神秘的な霊力を憑依することができたのである。

今日の日本でこうした近親相愛がどの程度発生しているのか、事が事だけに厳重に秘匿されているのでよく判らない。諸家の調査によっても数字のバラツキが大きいが、ほぼ女性千人当り五人内外ではないかと推測されている。むろん女性の側からの積極的な誘惑による和姦もあったが、父娘相姦を含めていうと、家庭内暴力としての父親や兄弟による、特に女児の強姦が多いらしい。女神としての聖性どころか、その人格や人権まで無視し、否定した男の獣欲に、日常茶飯事的に犠牲にされていたのである。そのために乙女たちがうけた心理的外傷《トラウマ》の深さが思いやられるが、あえて秘事を暴いたのも、聖性がどれほど卑俗な日常性のなかに拡散してしまっているかを明らかにしたかったからにほかならない。

百鬼夜行の食文化

同様の状況は、食文化にも見られた。たとえば倉稲魂《うかのみたま》の潜むとされた米や神饌だった餅は、昔は正月か通過儀礼など特別な日にしか一般には食されなかった。また酒もお神酒《みき》といわれるように、本来神への供物だったから、これも祭りの宴以外に平素飲むことはなかった。ところがどうだろう。米の消費量が年々減少しているといわれているけれども、戦中戦後の物資不足の時代に憧れの的だった銀シャリ――これは米粒を仏舎利に喩えた尊称――を少なくとも一日に一回は口にしているだろうし、餅はパック詰めでいつでも売っている。酒にいたっては、全国無数の飲み

屋やバーで毎晩どんちゃん騒ぎの有様で、なかには泥酔して警察の留置場の厄介になる人々まで
いる。

様々な農漁業技術の発達によって、魚や野菜、果物の走りや旬《しゅん》の季節感がなくなり、ハレの日の食物がケの日になだれこみ、何もかも混然として拡散し、節度や折り目、けじめが消散してしまった。《飽食の時代》といわれる現代日本では、あまたの食材が輸入、冷凍、保存され、いつでもほとんど何でも手にはいるし、大都会のレストランでは世界中のほとんどすべての料理が食べられる。ないのは人肉とペット肉のメニューだけといっても過言ではない。今日の庶民は、平安朝貴族の大饗料理、中世大名の大膳料理より豪華な御馳走を毎日ぱくついているのである。

それだけではない。ポルトガルの菓子フィリョースを早くも江戸初期に日本人は飛竜頭《ひりょうず》や雁もどきに変えてしまったが、その応用的創造性を発揮して、今やカニもどき、イクラもどきなど様々なもどき食品が作られ、全く種類の違う外国の魚や深海魚にタイやマグロ系のインチキ名称をつけた切身が売られている。それだけならまだしも、産地をごまかした特産品、農薬がたっぷり残ったペテンの無農薬食品、禁止された添加物をこっそり混入したいかさま健康食品などまで販売されている始末である。金さえ儲かれば何をやっても構わないという企業モラルの低下の結果、贋物と本物、まがい物と真物《まもの》の区別がなくなり、贋物《キッチュ》や無駄物《ガジェット》が横行し、食品世界はまるで百鬼夜行のカオス的世界の観を呈している。いや、正確には擬似的カオスの世界といったほうがよいかもしれない。というのも、動植物には神霊や祖霊が宿り、それを食べることは食神の聖餐

だという深い宗教的な敬虔の念がすっぽり脱けおち、薄っぺらで平板な混沌《カオス》が表面に拡がっているだけなのだから。もしペット食タブーまでなくなれば、日本の食文化システムはたちまち瓦解するだろう。

しかもこうした飽食の裏で、いやまさにそのゆえに、世界のどこかで栄養失調や飢餓で数秒ごとに一人、とりわけ弱者である女や子供、老人が亡くなっている悲惨で深刻な現実があることを忘れてはならない。現在の日本の穀物自給率は三〇パーセントを割りこんでいるが、ペット・フードの輸入率も六〇パーセントに達している。犬缶や猫缶のなかには人間の食用になる原料も含まれているから、飢えた人々の食料を奪って、あなたのイヌやネコはぶくぶく肥り、色んな病気を患っている。もし世界的な大飢饉がおこれば、まっ先に大量餓死するのは日本人だろうし、その時にはペットも斃死するまえに人々の胃の腑におさまっているだろう。「薄っぺらで平板な混沌」といったのも、今日の飽食日本の極楽トンボ的な生活は薄氷のうえにのっていて、いつ氷が割れ地獄の真相が顔をだすか知れないからである。

三　仮象の擬似世界《ヴァーチャル・ワールド》

電子ペットの出現

ペットが動物もどき、動物まがいの贋物、まやかし物、つまりいかさま臭いインチキの擬似自然になってきたとすれば、当然生命のないデジタル・ペットやペット・ロボットがその代りをしてもなんら不都合ではないだろう。そしてじつはその先鞭をつけたのが、ほかならぬあのデカルトだった。彼がオランダ滞在中、女中に産ませた——謹厳な哲学者とて雄である——愛娘が五歳で夭折したのをひどく悲しみ、精巧な自動機械を作らせてそれを「わが娘フランシーヌ」と呼び、日夜愛撫した、という話が伝わっているからである。さすが動物機械論者だけあって、人間でさえも機械で代用できたらしい。「猿またはどれかほかの、理性をもたぬ動物と、まったく同じ器官をもちまったく同じ形をしているような機械があるとすると、その機械がそれら動物とどこかでちがっているということを認める手段をわれわれはもたないであろう」と、『方法序説』でいっていたのだから。

躾や訓練に手をやき、食事や運動、下の世話に手がかかり、病気になったらお手あげで、何よりお金のかかる生き物より、むしろボタン一つで意のままに呼びだし、遊び、消去でき、壊れたら捨てればよい擬似ペットのほうが、同じ情緒的満足を与えてくれるなら、はるかに清潔で気楽で、何よりもトレンディだろう。そこから「たまごっち」や「ファービー」などのデジタル・ペット、「ポスト・ペット」といった電子メール・ペット、あるいは「アイボ」のようなペット・ロボットが流行してきた。やがて動物ペットはエレクトロニクス・ペットにとって代られるだろう、という未来学者の予測まである。

だが、いうまでもなくこうした電子ペットは、ごく狭い限られたディスプレイ窓に映しだされるだけの実体のない幻影、薄っぺらいスクリーンの平面で活躍する仮想のイメージにすぎない。画面以外の広大な現実世界は切りおとされ、生命のない幻像があたかも生きているかのように振舞う仮象の虚像、ヴァーチャル・リアリティにすぎなかった。確かにペット・ロボットは金属塊として実在するが、しかしリモコンで操作するだけで、その内部は完全なブラック・ボックスになっていて視認できず、表面の外観とイン・プットされた機能の範囲でかかわるだけである。それにすぐ陳腐化して、次々にデザインや機能が改良、付加されて、先行商品との差異を喧伝することで売上をのばしている。

そしてじつは、現代の大量消費社会では、飽和した需要をさらに掘りおこすために、欲求のシステムを生産のシステムに組みこみ、大量の情報を流して、物の実体的価値ではなく、超機能的なデザインやモードの示差化によって付加価値をつけ、購買意欲を喚起する戦術が発達してきた。物は浮遊する記号の戯れと化し、キッチュやガジェットのような模造品《シミュラークル》が幅をきかしている。

判りやすいように、一九九一年の湾岸戦争を例にとろう。古典的戦争観を一変させたといわれるこの戦争は、またテレビ戦争、ハイテク戦争ともいわれ、開戦と同時に戦場の情景がリアルタイムで世界中に放映されたことは、読者のあなたも記憶されているだろう。地対空、空対地ミサイルが夜空に流星か雷鳴のように飛びかい轟き、巡航ミサイルの悠然たる飛行風景や、精確なピンポイント爆撃の一端が映しだされるなど、一見リアルな映像が目にとびこんできて、人々を驚かせた。だがその下で兵士だけでなく、一般民衆の手足がふっとび、血まみれの内臓がとびだし、住居を壊され、家族を失なった人々の痛み、苦しみ、悲しみの実像は隠蔽されていた。テレビのスクリーンに映る光景は確かに現実の映像だったが、真の生《なま》の現実ではなく、編集され、情報操作され、変造された現実のシミュラークルであり、アメリカの高度で強力な軍事力と侵略の正当性を誇示する宣伝以外のなにものでもなかったのである。テレビの狭く薄っぺらいディスプレイ窓に映ったこうした映像ほど、現代の日常生活の平板化、軽薄化、視野狭窄化、現実の非現実化、一言でいえば仮象のヴァーチャル世界化をよく物語るものはない。

消費財としてのペット

何しろカブトムシやクワガタムシが死ぬと、電池をいれかえてくれと子供がせがむご時世である。こうした擬似環境のなかで育った子供は、生き物と機械、実在と仮象、現実と幻想の区別がつかなくなるのも無理はない。兇悪な殺人事件の低年齢化がおこって世人を驚かせているが、その理由の一つが、こうしたリーメンの喪失にあったわけで、戦争の残虐性から疎隔された結果、かえってゲーム感覚での残虐性がめばえてきたのだろう。

いや、子供だけではなかった。それに劣らずテレビ時代に育った親たちも、面倒になったり邪魔になったペットを、まるで壊れた玩具か縫いぐるみのように、平気で捨てている。二一世紀初頭の現在、大ざっぱにいうとイヌが約一〇〇〇万匹、ネコが約八〇〇〇万匹国内で飼育されているが、不用動物として毎年収容施設で殺処分されるのは、そのうちイヌが四〜五〇万頭、ネコが三

〜四〇万頭にものぼるらしい。この数字を多いと見るか案外少ないと見るかは意見のわかれるところだが、他に捨てたり密かに埋めるペットまでいれたら、数値はもっと上昇するだろう。人間の口にはいる運命をまぬがれた犬猫の一部は、その代り二酸化炭素で窒息死させられ焼却炉の口へ呑みこまれているのである。人間に食べられてその栄養となり血肉となった昔の犬猫と、ゴミとして廃棄、焼却される現在のペットと、はたしてどちらが幸福で悲惨なのだろうか。いささか便宜的ながらも、かつて狩人《またぎ》たちは、人間に食べられてこそ動物も成仏できると固く信じていたものである。

とはいえ、こうしたペット残酷物語は、何も日本だけとは限らなかった。フランスでも夏のヴァカンスになると、高速道路の斜面に点々と犬猫の死骸が転がっているのを、筆者も目撃したことがある。一週間から時に一カ月にもなる長い夏休みの間、パリのアパルトマンに置きざりにはできないし、さりとてペット・ホテルやペット・シッターに預けると高くつく。滞在先のホテルやペンションではむろんペット同伴はお断りである。そこで止むなく途中の車窓からあの世へ行ってもらう仕儀となる。日仏どちらでも、生きた動物の聖性と生命の尊厳性を忘れ、単なる物としてとり扱い、新製品ができるたびに買い代えてゆけばよい消費財と見なしている証拠である。

実際、今日では人工交配や時に遺伝子操作によって、新品種のイヌが次々に登場している。小型犬トイ・プードルのなかでも特に小さい個体を選択、交配させたティーカップ・プードルにいたっては、生まれた時の体重一〇〇グラム以下、体長は約一〇センチで、生後三カ月位まで紅茶茶碗にはいるほどの愛らしさである。母犬の骨盤や胎盤の形成不全で出生率が低く、高値がついているらしい。まさに可愛さの極致の生きた縫いぐるみといったところだが、はたしてこうした畸形のイヌまで作りだす必要があるのだろうか。

ブリーダーはむろん、お客の需要があるから改良したというだろうが、しかしこうした教科書的な《消費者主権》の経済学説は今日では成りたたない。なぜならそれは、個人の無限の欲望を聖域とし、生産者はその欲望を充足させるための奉仕者にすぎないという理論だが、しかし欲望自体が生産システムのなかに組みこまれ、供給側によって需要が造出され、欲求自体が操作、管理の対象になっているのが、現代の消費文明だからである。アメリカの経済学者ガルブレイスもその『ゆたかな社会』でこう皮肉っていた。「消費者の欲望は、奇妙な、軽薄な、あるいは不道徳な源泉から生ずることもあろうが、そうした欲望を満足させようと努めることは社会にとって善であるとされている。しかし、欲望を満足させる過程自体によって欲望が創り出されるとすれば、こうした主張は成り立たない。なぜならば、もしそうだとすれば、これらの欲望を満足させるための生産の重要性を主張する人は、リスが自分で廻している車にくっついて一生懸命に廻っているのを拍手喝采している見物人と全く同じ立場にあるからだ」。

操作される欲望

むろん愛犬家のあなたは、色んな情報を調べ、財布とも相談の上で、自分の判断で自由な選択権を行使してどのイヌを飼うかを決定され、満足を極大化されたに違いない。みかけの上では自分の主体的な意思の自由があるように見える。ところが業界誌やネットを精査し、ブリーダーやペット・ショップの店員の意見をきくような慎重で真面目な性格であればあるだけ、あなたは他人に影響され、他者の欲望を欲望することになる。特に業界情報は一兆円市場を拡大させるための洗脳手段であり、人を操る一番よい方法は意識閾下《サブリミナル》広告のように、操作されていると思わせない操作だから、そこには沢山の魔術が仕掛けられていて、巧みに購買欲をそそり、煽りたてるような仕組みになっている。人気犬の流行がほぼ一〇年周期で変動しているのもそのせいだった。

　こうして、人気種にさらに示差的価値をつけるために突飛なカットやトリミングした「家《うち》の子」に、飼主とお揃いのアクセサリーやファッションをつけさせ、ペット同伴のカフェやレストランで、皆と同じでしかも違う流行の最尖端をゆく虚栄と財力とをこれみよがしに自慢しあうご婦人方の登場となる。とすると、自由意思による決断と見えたものが、じつは操作された欲望に関連して作りだされた幻想の践行にすぎなくなってしまうだろう。アメリカの社会心理学者フロムもその『正気の社会』でこういっていた。「消費行為は、具体的な人間の行為でなければならず、そのうちには、われわれの感覚、身体的欲求、審美的な趣味が含まれる。つまり具体的で、知覚し感情をもち、判断する人間としてのわれわれが含まれる。また消費行為は意味のある人間的な、生産的な経験であるべきなのだ。ところがわれわれの文化ではほとんどそうではない。消費は、けっきょく人工的に刺激された幻想の満足であり、具体的なリアルな自己から疎外された幻想の遂行なのである」。

だからここでも、欲求自体が欺瞞化され、擬似化されて自他の区別のつかないまがい物になっていて、自分の欲望と市場の誘導とがごっちゃに混りあった、仕切りのないカオス的状況が日常世界に出現していたわけである。欲望が市場の産物であることは、明治大正時代の曾祖父母や祖父母がエアコンやパソコン、テレビやケータイへの欲求など全くなかったことからも明らかだろう。われわれは「ない物に対しては全然関心をもたない。生産されない物について欲望を喚起することはしないのである」と、ガルブレイスも前掲書で断言していた。

ペットの飼い主がすべて商業主義に毒されている、というつもりは毛頭ない。なかには寒さで震える仔猫、皮膚病にかかった哀れな野良犬を優しい動物愛の心から、ひきとって飼っている人もおられるだろう。そうした人々の善意や慈愛を疑うわけではないが、昔のように残飯に味噌汁をぶっかけ、魚の頭や骨、よくて削り節をそえた犬飯《いぬめし》、猫飯《ねこめし》ではなく、便利なペット・フードを与え、肩こり解消の磁気首輪、歯垢や口臭除去のためのデンタル商品、脱臭トイレやペット用バリカン、ドライヤー等々のグッズを使うにつれ、意図するとしないとにかかわらず、いつしか市場拡大の流れにまきこまれてしまうだろう。そうした魔法のまやかし世界の悪循環を断ち切るには、動物が人間のために存在するのではなく、大いなる生命の流れのなかでそれ自体の存在理由と独自な価値と意義をもっていることを弁えねばならない。道端のアリ一匹、一本のスミレにも、生物進化の全史が書きこまれ、生態学的連関の全体を映しだしているのである。市場に操作された我欲の満足のためだけにペットを消費財として独占し、猫可愛がりするのは、動物の独自性や聖性を認めず、その権利や固有性をないがしろにすることにほかならない。

ペット禁食は人類最後の砦か

というのも、溺愛とは、つきつめていうと、対象を対象そのものとして認めず、欲望のままに相手を自分の支配下におこうとする利己主義《エゴイズム》に根ざしており、相手の存在を否定し、無化するという意味では、一種のペット喰い、ペット殺しにほかならないからである。そこから感情のおもむくままに、邪魔になると捨てたり、気に食わないと邪険に扱ったりする飼い主の身勝手がおこってくる。一見相反する溺愛と虐待とはじつは自己中心主義《エゴセントリズム》の楯の両面だったのであり、その二重基準に混乱して突発的に逆上し、粗暴な行動を示す犬猫が増加してきているらしい。ペットがあのヴェン図形の人間カテゴリーの奥深くに侵入するにつれ、人間と動物とを区切る垣根が崩れ、境界が消滅したカオス的世界はまた、飼い主にもペットにも神経症的な深刻な悪影響を及ぼしはじめているのである。

ペットがコンパニオンとなり、家の子となり、どれほど人間もどき、人間まがいになったとしても、やはりそこには仕切りとしてのけじめ、節度が必要であり、人間と動物との差異を明確にし、一線を画しながら、しかも同時に同じ生命の連鎖の一環だという同一性と共在性を認識しなければならない。その点で、神の被造物である自然をこよなく愛し、オオカミを手なずけ、草花に語りかけ、小鳥に神の教えを説いたという、中世イタリアのあのアッシジの聖フランチェスコの生き方が一つの理想だろう。小鳥を籠のなかで飼うより、自由に空を飛び、囀《さえず》り、遊ぶ姿を愛《め》でて、自然の声を聞き、その心を読みとり、森羅万象に生命の尊厳と連帯を悟る、真に豊かな感受性の回復が望まれるのである。仏教でも、一木一草一虫一獣に仏性が宿り、そこに宇宙の真如の世界が映しだされていると考えていたのだから。

ともあれ、人類がなぜ普遍的にカオスを線引きし、コト分けしてコスモスを創出しながら、そこからはみだした時空の境界《リーメン》をタブーとして抑圧してきたのか。にもかかわらず、コスモスの維持、存続のためには時空のクレヴァスでカオスへの回帰が必要とされ、祭りでタブーが侵犯されねばならなかったのか。そして近代以降になると、自然＝カオスの制圧が進み、科学的合理主義が発展してくるにつれ、逆にカオスがコスモスと混じりあい、拡散されるヴァーチャルな世俗世界が出現し、インセスト禁忌とペット食禁忌がコスモスの崩壊を防ぐ最後の砦となったのか。今やこうした疑問が氷解するとともに、なぜ近代になって特にペットが厳しい食禁の対象になったのか、その理由が読者のあなたにもご納得頂けたことだろう。

あとがき

食文化に関する本は、これで五冊目になる。賞を貰ったり、外国で翻訳されたりして、いつも割と好評だが、今度の料理を読者のあなたは気にいって頂けただろうか。今回は特にペット・イーター やペット・ラヴァーなどの新しい食材を古今の世界各地から集めて作ってみた。調理法は文化記号論ないし象徴人類学的方法によっていて、余り変り映えしないが、お味のほうは一風変った創作料理を提供できたのではないかと思っている。箸をつけた方は、人間の食・性行動の奇想天外さにびっくり仰天されることだろう。ペットを食べたり、動物とセックスするなど、あるまじき行為だと端《はな》から決めてかかる、文化の同時代中心主義、自民族中心主義、ひいては自己中心主義的な固定観念を打破するために、わざとショッキングな素材を沢山使ったが、少しコショウが効きすぎたかもしれない。しかし目を醒ますには、時にこうしたピリリと辛い知的刺激剤が必要だろう。

新書なのでできるだけ判りやすく書いた積りだが、何しろ半世紀以上の教師生活の悪癖がでて、生硬な生煮えのところがやはりあったかもしれない。読者を消化不良にさせたら、お詫びするばかりである。

本書を出版するにあたり、文春新書編集部の和賀正樹次長には企画から校正まで大変お世話になった。特に筆者はパソコンを使わない主義なので、汚い手書き原稿に目を通して頂いた御苦労は察するに余りがある。突然手紙を投函したのにすぐに神戸まで駆けつけて下さり、他の仕事がはいって脱稿が遅れたのに快く待って頂いたり、御芳情に深く感謝しつつ擱筆するとしよう。

須磨の苫屋にて

著者

二〇〇四年九月四日

参考文献（古典文献は省略し、主な引用文献のみを掲げる）

A
アレンズ、一九八二、『人喰いの神話』折島正司訳、岩波書店

B
バフチーン、一九七三、『フランソワ・ラブレーの作品と中世・ルネッサンスの民衆文化』川端香男里訳、せりか書房
ボテロ、二〇〇三、『最古の料理』松島英子訳、法政大学出版局
Braudel, 1979, *Civilisation matérielle, économie et capitalisme, XVe-XVIIIe siècle, tom 1*, Armand Colin.

C
クラストル、一九八七、『国家に抗する社会』渡辺公三訳、書肆風の薔薇
張競、一九九七、『中華料理の文化史』、筑摩書房

D
ダ・クルス、一九八七、『十六世紀華南事物誌』日埜博司訳、明石書店
ダーントン、一九八六、『猫の大虐殺』海保・鷲見訳、岩波書店
デカルト、一九九〇、『方法序説・情念論』野田又夫訳、中央公論社
ダグラス、一九八五、『汚穢と禁忌』塚本利明訳、思潮社
デュル、一九九二、『再生の女神セドナ』原研二訳、法政大学出版局

E
エリアーデ、一九七四、『エリアーデ著作集　第二巻　豊饒と再生』久米博訳、せりか書房
エリアス、一九七七、『文明化の過程』赤井他訳、法政大学出版局
F
Fromm, 1963, *The Sane Society*, Routledge & K. Paul.
G
福井勝義、一九九一、『認識と文化』東京大学出版会
ガルブレイス、一九七〇、『ゆたかな社会』鈴木哲太郎訳、岩波書店
ゴドリエ、一九七六、『人類学の地平と針路』山内昶訳、紀伊國屋書店
〃　一九八六、『観念と物質』山内昶訳、法政大学出版局
Guenther, 1988, "Animals in Bushman thought, myth and art", *in* Ingold et al., *Hunters and Gatherers*, 2, BERG.
フーリック、一九八八、『古代中国の性生活』松平いを子訳、せりか書房
H
ハリス、一九八八、『食と文化の謎』板橋作美訳、岩波書店
廣野卓、一九九八、『食の万葉集』、中央公論社
I
池上俊一、一九九〇、『動物裁判』、講談社
K
加茂儀一、一九七三、『家畜文化史』、法政大学出版局

河野真知郎、一九八八、「中世鎌倉動物誌」、『歴史と民俗』三号、平凡社
木村幾多郎、一九七八、「高橋南貝塚出土の動物遺存体」、『熊本県文化財調査報告』第二八集

L

リーチ、一九八一、『文化とコミュニケーション』青木・宮坂訳、紀伊國屋書店
レヴィ＝ストロース、一九七七、『親族の基本構造』馬淵・田島監訳、番町書房
リュシェール、一九九〇、『フランス中世の社会』木村尚三郎監訳、東京書籍

M

Macrae, 1922, *With Lord Byron at the Sandwitch Islands in 1825*, Wilson New Freedom Press.
松井章、一九八八、「中世『犬肉食用考』(3)」、『草戸千軒』一八三号
松井健、一九八四、「トゥムブウェ族の民族動物学におけるエコロジーとエピステモロジー」、伊谷・米山編『アフリカ文化の研究』所収、アカデミア出版会
Mead, 1935, *Sex and Temperament in three Primitive Societies*, William Morrow & Company Inc.
メルシエ、一九八九、『タブロー・ド・パリ』原宏編訳、岩波書店
モリス、一九八八、『キャット・ウォッチング』羽田節子訳、平凡社
〃　一九九一『マン・ウォッチング』藤田統訳、小学館

N

中村禎里、一九八四、『日本人の動物観』、海鳴社
中野美代子、一九八三、『中国の妖怪』、岩波書店

O

王仁湘、二〇〇一、『中国飲食文化』鈴木博訳、青土社

大和岩雄、一九九二、『鬼と天皇』、白水社
小沢俊夫、一九七九、『世界の民話』、中央公論社

P

Poole, 1984, "Symbols of subsutance: Bimin-Kuskusrr.in models of procreation, death and personhood", *Mankind*, 14 (3).

R

ロミ、一九九五、『悪食大全』高遠弘美訳、作品社
劉達臨、二〇〇三、『中国性愛文化』鈴木博訳、青土社

S

サーリンズ、一九八四、『石器時代の経済学』山内昶訳、法政人学出版局
〃　一九八七、『人類学と文化記号論』山内昶訳、法政大学出版局
サンデイ、一九九五、『聖なる飢餓　カニバリズムの文化人類学』中山元訳、青弓社
『斉民要術』、一九九七、田中他訳、雄山閣出版
シムーンズ、二〇〇一、『肉食タブーの世界史』山内昶監訳、法政大学出版局
篠田統、一九七四、『中国食物史』、柴田書店
ソレ、一九八五、『性愛の社会史』西川他訳、人文書院

T

武田雅哉、一九九七、「激動の近代中国」、国立歴史民俗博物館編『動物と人間の文化誌』所収、吉川弘文館
田中克己、一九八二、「遺伝学からみたインセスト・タブー」、『現代思想・総特集近親相姦』六（6）
トマス、一九八九、『人間と自然界』山内昶監訳、法政大学出版局

塚本学、一九九三、『生類をめぐる政治』、平凡社

W

Washburn and Lancaster, 1968, "The evolution of hunting", *in* Lee and Devore (ed.), *Man the Hunter*, Aldine.

ウェスターマーク、一九七〇、『人類婚姻史』江守五夫訳、社会思想社

Y

山内昶、一九九四、『「食」の歴史人類学』、人文書院

〃 一九九六、『タブーの謎を解く』、筑摩書房

〃 一九九九、『ジッドの秘められた愛と性』、筑摩書房

〃 二〇〇四、『もののけⅠ、Ⅱ』、法政大学出版局

山内 昶（やまうち ひさし）

1929年東京生まれ。京都大学フランス文学科卒業、同大学院（旧制）修了。パリ大学高等研究院に留学。甲南大学名誉教授。フランス文学、文学理論、社会思想、人類学、比較文化学・文化史を研究。著書に『ロマンの誕生』『現代フランスの文学と思想』『経済人類学の対位法』『青い目に映った日本人』『食具』など、共著に『エンゲルスと現代』『カステラ文化誌全書』など、他に翻訳多数がある。

文春新書

439

ヒトはなぜペットを食《た》べないか

平成17年4月20日　第1刷発行

著　者　山内　昶
発行者　浅見雅男
発行所　株式会社　文藝春秋

〒102-8008　東京都千代田区紀尾井町3-23
電話 (03) 3265-1211（代表）

印刷所　理想社
付物印刷　大日本印刷
製本所　矢嶋製本

定価はカバーに表示してあります。
万一、落丁・乱丁の場合は小社製作部宛お送り下さい。
送料小社負担でお取替え致します。

ISBN4-16-660439-2

◆日本の歴史

◆世界の国と歴史

◆アジアの国と歴史

◆経済と企業

◆政治の世界

(2005.1)　B